Caminos 2

segunda edición

Niobe O'Connor
Amanda Rainger
Audrey Butler
Neil Jones

OXFORD
UNIVERSITY PRESS

OXFORD
UNIVERSITY PRESS

Great Clarendon Street, Oxford, OX2 6DP, United Kingdom

Oxford University Press is a department of the University of Oxford.
It furthers the University's objective of excellence in research, scholarship,
and education by publishing worldwide. Oxford is a registered trade mark of
Oxford University Press in the UK and in certain other countries

Text © Niobe O'Connor, Amanda Rainger, 2003,
Neil Jones: revisions to units 1–7
Audrey Butler: revisions to units 8–10
Original illustrations © Oxford University Press 2014

The moral rights of the authors have been asserted

First published by Nelson Thornes Ltd in 2003
This edition published by Oxford University Press in 2014

British Library Cataloguing in Publication Data
Data available

978-0-7487-6784-7

10

Printed in China

Acknowledgements

Editor: Kathryn Tate
Illustrations: Jean de Lemos, Linda Jeffrey
Page make-up: Simon Hadlow, DP Press Ltd., Sevenoaks

Although we have made every effort to trace and contact all
copyright holders before publication this has not been possible in all
cases. If notified, the publisher will rectify any errors or omissions at
the earliest opportunity.

Links to third party websites are provided by Oxford in good faith
and for information only. Oxford disclaims any responsibility for
the materials contained in any third party website referenced in
this work.

Indice de materias

1 La ropa

1A ¿Qué llevas?

You will learn:
- the names of different kinds of clothes
- to say what you like wearing
- to state the colour of clothes

Maite y Tomás miran el catálogo de ropa.

12 un jersey
morado / negro

1 una camisa
amarilla

13 unos vaqueros
azules / grises

11 una camiseta
azul claro

2 una corbata
verde

10 una falda
malva / rosa

9 unas medias
naranja / lila

3 un pantalón
gris / verde

8 unas zapatillas de
deporte
azul claro

4 unos calcetines
lila / rosa

7 un plumífero
naranja / rojo

5 unos zapatos
verde oscuro

6 una chaqueta
verde / azul marino

1 ¿Qué hay en el catálogo?

a Escucha y lee.

b Escucha a Maite y Tomás. Escribe el número del dibujo (1–13).
Ejemplo **12, 8 ...**

2 Juego

Trabaja en grupos de tres. *A* dice el número, *B* y *C* dicen la ropa.

A número once

B ¡una camisa!

C ¡una camiseta!

Respuesta correcta – un punto.
¿Quién gana – B o C?

3 ¿Quién habla?

¿Quién habla, Tomás o Maite?

Ejemplo **1** Maite.

1 Llevo una falda.
2 No llevo uniforme.
3 Me gusta llevar vaqueros.
4 Llevo una chaqueta para la boda.
5 Quiero una camiseta.

¿Verdad o mentira para ti? Escribe V o M.

1 En las vacaciones, llevo vaqueros y un jersey.
2 El fin de semana, me gusta llevar una corbata.
3 No me gusta llevar uniforme al instituto.
4 El fin de semana, no llevo uniforme.
5 En las vacaciones, llevo la ropa que me gusta.

4 ¿Qué ropa?

Mira la actividad 1.

a Escucha a Maite y Tomás.
Escribe los números.

Ejemplo

	Maite	Tomás
Le gusta	11,	
No le gusta		

b Escucha otra vez. ¿Cuándo llevan la ropa?

Ejemplo A Maite le gusta 11**a** …

a El fin de semana   **b** En las vacaciones   **c** Al instituto

5 Te toca a ti

Trabaja con tu pareja. Habla de la ropa que llevas o que te gusta llevar … al instituto, el fin de semana, en las vacaciones.

A ¿Qué llevas al instituto?

B Llevo una camisa y una falda. ¿Qué te gusta llevar el fin de semana?

Me gusta llevar una camiseta y unos vaqueros.

6 En el escaparate

¿Qué colores hay en el escaparate? Identifica la ropa.

Ejemplo **1** Un jersey rojo.

1 Un _____ rojo
2 Un _____ naranja
3 Una _____ gris
4 Una _____ vcrdc
5 Unas _____ amarillas
6 Unos _____ azules
7 Una _____ blanca
8 Unas _____ lila
9 Un _____ negro
10 Unos _____ marrones
11 Una _____ morada
12 Unos _____ rosa y malva
13 Una _____ azul

7 **Repaso** Colores

m	f
rojo	?
verde	?
azul	?

m	f
gris	?
marrón	?

m	f
lila	?
rosa	?

Gramática 7

8 ¿Quién soy?

a Empareja cada joven con el globo correcto.

2 Hoy llevo una camisa blanca, una chaqueta rosa y blanca, unos vaqueros azules y unos zapatos grises.

Ana

Beatriz

Dolores

1 Llevo un jersey rojo y blanco, una falda negra y unas medias negras. Me gusta el rojo pero no me gusta el verde.

Carlos

3 Me gusta mucho el negro. Llevo un plumífero negro, un pantalón negro, unos calcetines negros y unos zapatos negros. ¡Pero llevo un jersey rojo!

b ¿Y a ti? ¿Qué colores te gusta y no te gusta llevar? Prepara una lista.

Ejemplo

Me gusta	No me gusta
el rojo	el gris
el azul	

4 Hoy llevo un jersey negro, una camisa rosa y naranja y unas botas negras. Me gusta el azul. Llevo unos vaqueros azules y tengo también una chaqueta azul.

9 Mi ropa preferida

Describe la ropa que te gusta llevar. Utiliza el diccionario.

Ejemplo El fin de semana me gusta llevar un jersey, unos vaqueros y unas botas.

¿Qué llevas / ¿Qué te gusta llevar … el fin de semana, en las vacaciones, al instituto?			
Llevo … / Me gusta llevar …			
un jersey	una camisa	unos calcetines	unas medias
un pantalón	una camiseta	unos vaqueros	unas zapatillas de deporte
un plumífero	una chaqueta	unos zapatos	
	una corbata		
	una falda		

10 En la tienda de sorpresas

En la tienda de sorpresas, hay muchas prendas diferentes. Pero, está muy oscuro. ¿Qué prendas son?

a Empareja las etiquetas y las prendas. Utiliza la Táctica. ¡No utilices el diccionario!

Ejemplo **1 d**.

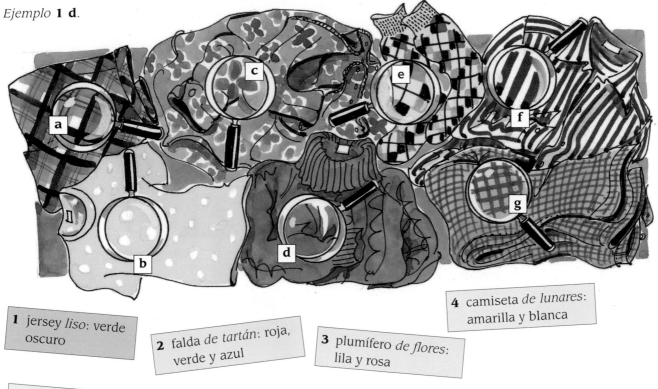

1 jersey *liso*: verde oscuro

2 falda *de tartán*: roja, verde y azul

3 plumífero *de flores*: lila y rosa

4 camiseta *de lunares*: amarilla y blanca

5 pantalón *de cuadros*: azul claro y azul oscuro

6 camisa *de rayas*: blanca y azul marino

7 calcetines *estampados*: amarillos, negros y naranja

> **Táctica**
>
> You don't always need to use a dictionary!
>
> Look for the words that you already know.
>
> *Example* **Una camisa** de rayas, **blanca** y **azul** marino.
>
> Look closely at the pictures and guess the rest.
>
> *Example* **de rayas** = striped
> **marino** = navy

b Y las expresiones *en cursiva*: ¿cómo se dicen en inglés? Compara las etiquetas con los dibujos.

Ejemplo de cuadros = checked

c Compara tu lista con la lista de tu pareja. Ahora, ¡verifica con el diccionario!

| un jersey, una camisa | liso/a, estampado/a | de rayas, de flores, de cuadros |
| unos calcetines, unas medias | lisos/as, estampados/as | de lunares, de tartán |

11 ¿Qué busca?

Con tu pareja. ¿Qué hay en el escaparate?

 1.1 El catálogo

1.2 Una encuesta sobre la ropa **1.3** ¿Qué busca?

You will learn:
- to ask for clothes
- more language to describe items (shade, size, etc.)
- to ask and state prices
- to compare items and express preferences

Teresa quiere comprar ropa para la boda, pero Tomás no está de acuerdo.

1 En la tienda de moda

Escucha la historia. Lee las frases **1–8**. ¿Verdad (V) o mentira (M)?

Ejemplo **1 M**.

1 Teresa busca una camiseta.
2 Tomás no quiere una corbata.
3 Teresa opina que el rojo es demasiado oscuro.
4 Tomás prefiere la corbata roja.

5 No hay corbatas en azul marino.
6 El azul marino es un poco vivo.
7 La corbata cuesta veinte pesos.
8 Tomás está muy contento.

♣ Corrige las frases mentirosas.

2 En la tienda de ropa

Túrnate con tu pareja. Utiliza la historia de arriba como modelo.

A es dependiente. **B** es cliente.

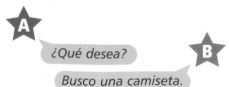

A ¿Qué desea?

B Busco una camiseta.

¿Qué desea?	Quiero / Busco ...
¿De qué color?	¿Hay en (azul)?
Sí, aquí tiene. / No, no hay.	El color es un poco / demasiado claro / oscuro / vivo.
Son ... euros.	¿Cuánto es?

Maite quiere comprar una bolsa.

Buenos días, señorita. ¿Qué desea?

Buenos días, quiero una bolsa para una boda.

Una bolsa ... ¿Prefiere esta bolsa negra o esa bolsa blanca?

Prefiero alguna más pequeña.

Aquí tiene una bolsa negra de tamaño mediano.

Mmm ... Quiero alguna más elegante. ¿Cuánto es aquella bolsa marrón?

Es la más cara, señorita.

Mmm ... Prefiero aquélla pero esta bolsa negra es más barata y prefiero el color.

Bueno, me llevo la bolsa negra.

3 ¿Cómo se dice?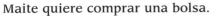

Escucha y lee la conversación. Luego empareja las expresiones del texto con las expresiones inglesas.

Ejemplo **1 b**.

1 ¿Prefiere esta bolsa negra ...?
2 ... la más cara.
3 ¿Qué desea?
4 ¿... o esa bolsa blanca?
5 Me llevo la bolsa negra.
6 ... una bolsa negra de tamaño mediano.
7 ¿Cuánto es aquella bolsa ...?
8 Prefiero aquélla ...
9 ... pero esta bolsa es más barata.

a What would you like?
b Do you prefer this black bag ...?
c ... or that white bag?
d ... a medium-sized black bag.
e How much is that bag?
f ... the most expensive.
g I prefer that one over there ...
h ... but this bag is cheaper.
i I'll take the black bag.

4 Respuestas

Contesta a las preguntas 1–5 en español.

1 ¿Dónde está Maite?
2 ¿Por qué quiere una bolsa?
3 ¿Qué tipo de bolsa prefiere: una grande o una pequeña?
4 ¿Qué color prefiere Maite?
5 ¿Maite decide comprar la bolsa cara o la bolsa barata?

más	*more*
el / la más	*the most*
menos	*less*
el / la menos	*the least*

1.4 En la tienda de ropa

1.5 El poema de la ropa

5 Quiero una bolsa

Escucha y elige el dibujo correcto.

Ejemplo **1 d**.

a   b   c   d   e

6 ¿Qué quieres?

Elige la palabra más apropiada.

Ejemplo **1** Quiero una bolsa negra.

1 Quiero una bolsa (negro / negra).	*I want a black bag.*
2 Prefiero (esta / aquella) bolsa.	*I prefer this bag.*
3 ¿Prefieres (esta / esa) bolsa o aquélla?	*Do you prefer this bag or that one over there?*
4 ¿Cuál es la bolsa (más / menos) elegante?	*Which is the smarter bag?*
5 Me llevo (esta / aquella) bolsa.	*I'll take that bag (over there).*

This, that and that over there

▶ Gramática 13	this	that	that (over there)
Masculine singular	este	ese	aquel
Feminine singular	esta	esa	aquella

7 ¿Qué desea?

a Trabaja con tu pareja. Practica la conversación.

– Buenos días, ¿qué desea?
– Busco unos zapatos.
– ¿Usted prefiere **estos** zapatos negros o **esos** zapatos marrones?
– ¿Se puede probar **ésos**?
– Sí, claro.
– No, no me gusta el color y son muy formales.
– ¿Le gustan más **aquellas** zapatillas de deporte en el escaparate?
– Sí, **aquellas** zapatillas me gustan más.
– ¿Prefiere **estas** zapatillas blancas o **ésas** negras?
– Prefiero éstas. ¿Cuánto son?
– Son cien euros.
– Está bien.
– Gracias, adiós.
– Adiós.

b Inventa otras conversaciones.

These, those and those over there

▶ Gramática 13	these	those	those (over there)
Masculine plural	estos	esos	aquellos
Feminine plural	estas	esas	aquellas

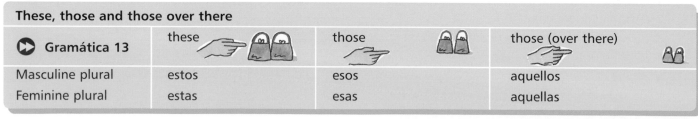

8 ¿Qué ropa prefieren?

Elige el dibujo correcto.

1 En mi opinión aquellos zapatos verdes son más elegantes.

a    **b**

2 ¿Te gustan más estas zapatillas de deporte o aquéllas? Mmm, … prefiero éstas.

a   **b**

3 No me gustan estos vaqueros. Son demasiado grandes. Prefiero aquéllos más pequeños.

a   **b**

4 ¡No soy rico! Me llevo esta corbata. Es más barata.

a   **b**

5 Quiero aquella falda. Es más pequeña y no me gustan nada las faldas grandes.

a   **b**

9 ¿Qué opinas?

Escribe tu opinión.

Ejemplo **1** En mi opinión, España es más popular que Italia con los turistas.

En tu opinión …

1 ¿Cuál es más popular con los turistas: España o Italia?

2 ¿Cuál es más interesante: la geografía o la historia?

3 ¿Cuál es más divertido: jugar al fútbol o ver el fútbol en la televisión?

4 ¿Cuál es más formal: una camisa o una camiseta?

5 ¿Cuál es más bonito: el color azul o el color verde?

6 ¿Cuál es más popular en España: el té o el café?

cuál	*which*

10 ¡Cuánto sabes!

Elige la respuesta correcta.

1 ¿Cuál es el país más grande de Europa?

    a Alemania   **b** Rusia   **c** Italia   **d** Francia

2 ¿Cuál es la lengua más hablada en el mundo?

    a el inglés   **b** el chino   **c** el español   **d** el hindi

3 ¿Cuál es la fobia más común? La fobia de …

    a aviones   **b** alturas   **c** arañas   **d** ratones

4 ¿Cuál es el animal más rápido?

    a la jirafa   **b** el antílope   **c** el cocodrilo   **d** el leopardo cazador

5 ¿Cuál es el planeta más grande?

    a Venus   **b** Neptuno   **c** Júpiter   **d** Mercurio

6 ¿Cuál es el apellido más popular en los Estados Unidos?

    a Smith   **b** Johnson   **c** González   **d** Jones

1C ¿Qué te parece?

You will learn:
- to ask about sizes
- to ask if you can try something on
- to give your opinion about clothes

Isabel busca algo para la boda.

Mira, Isabel, buscas una falda ¿no?

¿Qué talla usa, señorita?

No sé, la 42, creo. ¿Hay en rojo o en morado?

Lo siento, en rojo la tengo en la talla 40 … Y en morado, en la 44.

Vale. ¿Puedo probar éstas?

Sí, señorita, allí.

¿Te queda bien la morada?

¿Qué te parece?

Uf … Uf …

¡Ja ja! Es demasiado holgada. ¡Prueba la roja!

Es un poco ajustada.

¡CRAC!

¿Qué tal, señorita? … ¡Ay!

Son noventa pesos.

¡Es mucho!

1 ¿Qué tal?

Escucha y lee la historia. Empareja las preguntas con las respuestas.

Ejemplo **1 e**.

1 ¿Te queda bien?	**a** Sí, aquí tiene.
2 ¿Qué talla usa?	**b** Sí, allí.
3 ¿Qué te parece?	**c** Son noventa pesos.
4 ¿Le gusta el rojo?	**d** Busco una falda.
5 ¿Hay en verde?	**e** Sí, me queda bien.
6 ¿Se puede probar?	**f** No, no me gusta.
7 ¿Cuánto es?	**g** Cuarenta y cuatro.
8 ¿Qué busca?	**h** Es ajustada.

2 Te toca a ti

Trabaja con tu pareja. *A* elige una pregunta. *B* elige la respuesta apropiada.

¿Se puede probar?

Sí, allí.

3 ¿Qué te parece?

Escucha a los clientes 1–6. ¿Qué opinan? Apunta una opinión para cada uno.

Ejemplo **1 c**.

a ¡Qué asco!

b ¡Es demasiado holgado!

c No me gusta nada.

d Es precioso.

e ¡Es mucho!

f No me gusta.

g ¡Un poco ajustada!

h ¡Me encanta!

¡Es demasiado holgada!

4 ¿Qué talla ...? 1.6

¿Qué talla usan los clientes? Escucha y apunta la talla.

Ejemplo **1** 46.

5 Ropa de moda

A Isabel le gusta mucho llevar ropa de moda. Pero, ¿qué prenda es? Utiliza la sección de vocabulario.

Ejemplo **1 f**.

1 un vestido **de manga larga**	5 un pantalón **acampanado**
2 una rebeca **de manga corta**	6 una camisa **holgada**
3 una camiseta **sin mangas**	7 unas sandalias **de tacón alto**
4 un jersey **ajustado**	8 unos zapatos **de tacón ancho**

6 Fotos de moda

Busca dos fotos de moda. Describe la ropa en cada foto.
¿Cuál prefieres y por qué?

1.8   ¿Qué te parece?

1.9 Práctica: lengua

7 ¿Qué vas a llevar?

Es el día de la boda. Isabel escribe una tarjeta a Pilar. Sustituye a los dibujos.

Ciudad de México
domingo

¡Hola, Pilar!

¿Qué tal las vacaciones? Hoy es la boda de Amaya y Martín. Todo el mundo está muy elegante.

La tía Rosa lleva una falda (   ) y una camisa (   ) – ¡son demasiado pequeñas! Y tiene un sombrero (   ) muy grande. ¡Qué asco!

¡Y Tomás! El pobre Tomás lleva un (   ) gris, una camisa azul claro y una (   ) azul marino. Está muy elegante – pero no está muy contento.

Yo llevo una (   ) blanca. Es preciosa pero es en la talla (**44**) y es un poco holgada. Llevo mi falda vieja (   ). He comprado una (   ) roja. Me gusta mucho, pero ¡qué horror! es demasiado ajustada.

El fin de (   ) yo vuelvo a Sevilla con Mamá y Ana. Tengo muchas ganas de verte allí. Tomás y Maite van a Barcelona para visitar a los abuelos.

Hasta luego,
Un abrazo,
Isabel

8 ¿Cómo es?

Completa las respuestas de Isabel.

1 ¿Qué tal la falda y la camisa?   Son demasiado ...
2 ¿Qué tal el sombrero?   Es muy ...
3 ¿Qué tal la chaqueta blanca?   Es un poco ...
4 ¿Qué tal la falda roja?   Es ...

¿Qué talla usa?	No sé. La (42) o la (44).
Aquí tiene.	¿Se puede probar? / ¿Puedo probar éste / ésta?
¿Qué tal (el ..., la ...)?	Éste / Ésta es (demasiado) ajustado/a, holgado/a, pequeño/a, grande.
¿Qué tal (los ..., las ...)?	Éstos / Éstas son (un poco) ajustados/as, holgados/as, pequeños/as, grandes.

9 Conversaciones

a Escucha las dos conversaciones. Elige la expresión correcta.

Buenos días. ¿Qué desea?

*Buenos días. He visto **un jersey / una camisa** en el escaparate.*

¿Sí? ¿De qué color?

*Me gusta **la verde / la verde de cuadros / la verde de rayas**.*

¿Qué talla usa?

*La 38, creo. **Lo / La** prefiero **de manga corta / larga**.*

Aquí tiene.

*¿**Lo / La** puedo probar?*

Sí, claro ... ¿Le queda bien?

Sí. ¿Cuánto es?

*Son **cuarenta / ochenta** euros.*

Está bien. Gracias.

Buenas tardes. ¿Qué desea?

*He comprado **unos zapatos / unas botas** esta mañana.*

¿Sí?

*Son un poco **ajustados / holgadas**. ¿**Los / Las** puedo cambiar?*

*Claro. No hay problema. A ver ... ¿**Los / Las** quiere en azul **liso / estampado**?*

Sí.

*... Aquí tiene. Son más **grandes / pequeños**.*

Muy bien. Gracias. Adiós.

Adiós.

He visto	**un** (jersey)		¿**Lo** puedo probar?
	una (camisa)		¿**La** puedo probar?
He comprado	**unos** (zapatos)	en el escaparate.	¿**Los** puedo cambiar?
	unas (botas)		¿**Las** puedo cambiar?

▶▶ Gramática 26

b Rellena los espacios en blanco con *lo / la / los / las*.

1 Deseo una camisa. ¿... puedo probar?

2 He comprado unas botas. ¿... puedo cambiar?

3 Busco unos calcetines. ¿... tiene de rayas?

4 He visto un pantalón. ¿... tiene en gris?

5 Me gusta el plumífero de flores. ¿... tiene en la 38?

6 La chaqueta estampada es preciosa. ¿... tiene de manga corta?

c Inventa otras conversaciones.

d Con tu pareja, grábalas en una cinta.

1.6   ¿Qué talla usas?

1.7   En la revista de moda

1.10   Práctica: lengua

Acción: lengua

Comparatives and superlatives, agreement of adjectives and demonstrative adjectives

● **Comparatives**

To say that something is bigger, smaller, more interesting, etc., you use **más que ...**

El fútbol es más interesante que el rugby.

Football is more interesting than rugby.

To say that something is less expensive, less interesting, etc., you use **menos que ...**

Las zapatillas de deporte son menos formales que los zapatos.

Trainers are less formal than shoes.

● **Superlatives**

To say that something is the biggest, smallest, most interesting, etc., you use **el / la / los / las más ...**

El fútbol es el deporte más popular del mundo.

Football is the most popular sport in the world.

To say that something is the least popular, expensive, etc., you use **el / la / los / las menos ...**

Los insectos son las criaturas menos populares del mundo.

Insects are the least popular creatures in the world.

1 Tomás and Maite are comparing different school subjects. Write out the sentences in full. Then give the English meaning.

E.g. **1** El inglés es más interesante que las matemáticas. *English is more interesting than maths.*

1 El inglés / interesante / las matemáticas

2 La historia / fácil / la geografía

3 La biología / divertida / la química

4 La física / difícil / la tecnología

5 El deporte / divertido / las ciencias

6 El inglés / aburrido / el deporte

2 Tomás and Maite go on to discuss their friends. Write out the answer to each question.

E.g. **1** María es la más inteligente.

1 ¿Quién es la más inteligente: María o Ana? (María)

2 ¿Quién es el menos hablador: Juan o Antonio? (Antonio)

3 ¿Quién es el más tímido: Juan o Pedro? (Juan)

4 ¿Quién es la menos simpática: María o Ana? (Ana)

5 ¿Quién es la menos divertida: Ana o Mónica? (Mónica)

6 ¿Quién es el más trabajador: Juan o Carlos? (Juan)

3 ♣ Choose the correct word in brackets to complete each sentence correctly.

E.g. **1** Este jersey es **el** más caro.

1 Este jersey es (el / la) más caro.

2 Estas faldas son (los / las) menos caras.

3 Estos zapatos son (los / las) más baratos.

4 Aquella camiseta es (el / la) menos holgada.

5 Antonio es (el / la) más inteligente de la clase.

6 Ana y Mónica son (los / las) más habladoras de la clase.

● **Agreement of adjectives, e.g. colours**

In Spanish, a colour must agree with the word being described: i.e. it must be either masculine, feminine, singular or plural.

masc. sing. ending in ...	singular		plural	
	m	f	m	f
-o	rojo	roja	rojos	rojas
-e	verde	verde	verdes	verdes
-l, -n, -s	azul	azul	azules	azules
-a	naranja	naranja	naranja	naranja
color + claro, oscuro, vivo, marino	azul claro, oscuro, etc.	azul claro, oscuro, etc.	azul claro, oscuro, etc.	azul claro, oscuro, etc.

▶ Gramática 7

4 Look back at the speech bubbles on page 6.
Complete the adjectives with *-o*, *-a*, *-os*, *-as*
or *-es*.

1 Me gustan las medias negr... y los zapatos negr...
2 Llevo unos vaqueros azul... y unos zapatos gris...
3 ¿Te gustan el jersey roj... y blanco, y las botas
 negr...?
4 Quisiera una chaqueta blanc... y unos calcetines
 negr...
5 Estos calcetines negr... son más barat....
6 ¿Prefieres este pantalón negr... o aquellos
 vaqueros azul...?

5 ◆ Bargains! Choose the correct adjective.

Faldas (*roja / rojas*)
Jerseys (*verde / verdes*) 48 €
Pantalones (*holgados / holgadas*) 70 €
Camisas (*azul / azules*) 56 €
Botas (*marrón / marrones*) 40 €
Calcetines (*blanco / blancos*) 112 €
 11 €

6 ◆ Complete the sentences with the adjective
in brackets. Make sure that the adjective agrees.

E.g. **1** Normalmente los fines de semana llevo una
camiseta blanca.

1 Normalmente los fines de semana llevo una
 camiseta __. (blanco)
2 Quiero aquellas medias __. (negro)
3 Prefiero llevar vaqueros __. (holgado)
4 No me gustan las camisas __. (azul)
5 El jersey __ te queda bien. (rojo)
6 Mi hermana prefiere las faldas __. (azul marino)

7 ♣ Translate the following sentences into
Spanish.

E.g. **1** Normalmente llevo una chaqueta negra.

1 Normally I wear a black jacket.
2 I don't like black trousers.
3 I prefer a blue jacket.
4 How much is the orange T-shirt?
5 I am looking for some patterned socks.
6 The skirt is a little bit tight.

8 ◆ Look back at the tables of demonstrative
adjectives on page 10.

Select the correct word in brackets to complete
each sentence in Spanish. You must decide
whether each word is masculine or feminine
and singular or plural.

E.g. **1** ¿Prefiere esta falda?

1 ¿Prefiere (este / esta) falda?
 Do you prefer this skirt?
2 No me gusta (aquel / aquella) jersey rojo.
 I don't like that red jumper over there.
3 Quiero (estos / estas) zapatos negros.
 I want these black shoes.
4 (Ese / Esa) pantalón es horrendo.
 That pair of trousers is horrible.
5 (Aquella / Aquellas) medias son más caras.
 Those tights are more expensive.

9 ◆ Write out the sentences in Spanish. Check
whether the noun is masculine or feminine,
singular or plural.

E.g. **1** Prefiero esta falda.

1 Prefiero (*this*) falda.
2 Prefiero (*that*) camisa.
3 Prefiero (*that – over there*) jersey.
4 Prefiero (*this*) gorro.
5 Prefiero (*that*) vestido.
6 Prefiero (*those*) vaqueros.
7 Prefiero (*these*) zapatos.
8 Prefiero (*these*) botas.
9 Prefiero (*those – over there*) medias.

2 Tiempo libre

2A ¿Qué deporte practicas?

You will learn:
- to say what sports you do
- to say what sports you like / dislike / prefer

1 ¡Me chifla la natación!

a Lee y escucha.

b Escucha otra vez y completa el cuadro según las opiniones de cada persona.

Si le chifla 　　Si le da igual 　　Si no le gusta

Maite					😊			
Tomás								
Isabel								
Mercedes								
Enrique								

> Soy Maite y me gusta el deporte. Me chifla el baloncesto y juego con un grupo de amigos. Normalmente jugamos los sábados. También me chifla el fútbol y en mi familia somos hinchas del Real Madrid. Sin embargo, odio la vela.

> Me llamo Tomás y me chifla el atletismo. Es muy competitivo. Me da igual el baloncesto y el voleibol pero no me gusta el rugby. Pienso que es un deporte ridículo.

> Me llamo Isabel y juego al baloncesto con mis amigas pero me da igual. Prefiero el alpinismo. En el colegio practicamos el atletismo – lo odio.

> Soy Mercedes y en mi colegio jugamos mucho al voleibol que me da igual. También jugamos al fútbol que odio. El deporte que me chifla es el piragüismo. Es fantástico.

> Hola. Soy Enrique y cuando puedo, practico la vela y el piragüismo. Me chiflan. Odio los deportes como el rugby.

2 ¿Jugar o practicar?

Lee el texto y rellena cada espacio con la palabra apropiada de la lista.

Ejemplo **1** juego.

Soy Maite. _____**1**_____ al fútbol y al baloncesto también. Son mis deportes favoritos. Yo y mi amiga, Mercedes, _____**2**_____ al baloncesto los sábados. No _____**3**_____ la vela – lo odio. Mi primo, Tomás, _____**4**_____ el atletismo y mis amigos Enrique y Mercedes _____**5**_____ al voleibol en el colegio. Enrique _____**6**_____ la vela y el piragüismo. No _____**7**_____ mucho al rugby, no le gusta nada.

Jugar	
(yo)	juego
(tú)	juegas
(él, ella, usted)	juega
(nosotros/as)	jugamos
(vosotros/as)	jugáis
(ellos/as, ustedes)	juegan

practica　jugamos　Juego　juega　practico　practica　juegan

3 En tu clase 2.1

¿Cuántas personas practican los mismos deportes que tú?
Escribe los deportes que practicas y pregunta.

> Yo
> Juego al hockey
> Practico la natación.
>
> | En mi clase
> | ✔

 ¿Qué deporte practicas?   Juego **al** …   Practico **el** …, **la** …

4 ¿Te gusta el fútbol?

Escucha las respuestas **1–7** de los barceloneses.

Apunta las reacciones:

   me chifla

   me da igual

   odio

Ejemplo **1**   .

 Apunta los otros deportes que practican. Mira el cuadro abajo.

Ejemplo **1**   voleibol, squash.

5 En el instituto

Practica los diálogos de abajo con tu pareja.

A ⭐   ⭐ **B**

¿Qué deportes practicas en el instituto?   Juego al fútbol, y practico la natación.

¿Te gusta el fútbol?   ¡No! Odio el fútbol.

¿Y la natación?   Me chifla la natación.

1	2	3	4 	5 

	¿Te gusta …?
Me chifla	… el voleibol, el fútbol, el hockey, el esquí, el ciclismo, el alpinismo.
Me da igual	… el squash, el rugby, el baloncesto, el atletismo, el footing, el piragüismo.
Odio	… la natación, la vela, la equitación.

2.1   En tu clase   2.2   Táctica: lengua

España tiene muchos deportistas famosos – y ahora tiene dos ídolos nuevos: Conchita Martínez y Ronaldo Luis. ¿Qué es importante para ellos?

¡Hola! Me llamo Ronaldo. Soy el delantero del *equipo* de Madrid: 'el Real Madrid'. Me chifla el fútbol, sobre todo cuando marco un *gol*. Para un futbolista, el *árbitro* es muy importante y también el *balón*. ¿Y para mí? ¡Mis *hinchas*!

Me llamo Conchita Martínez, y soy tenista. Juego en las grandes competiciones, como el Abierto en Australia. Para un tenista, la *raqueta* es súper importante (¡y tengo muchas!) y las *pelotas*. También importante es el *juez de silla*.

6 Los ídolos nuevos

a Lee el artículo sobre Ronaldo y Conchita. Utiliza la Táctica y busca las palabras *en cursiva* en el diccionario.

b Empareja las palabras *en cursiva* con los dibujos **1–8**.

Ejemplo equipo **5**.

1
2
3
4

5
6
7
8

Táctica

Look closely! Think about the context and try to guess the meanings of the words in italics. For example, *deportes*

equipo *m* equipment, outfit, kit; system; team (grupos, deportes, etc.)

7 ¿Qué opinas tú?

Escribe algo sobre los deportes que practicas en el instituto, y fuera.

En el instituto juego al hockey y al fútbol y practico la gimnasia.

Me chifla la gimnasia, y me da igual el fútbol, ¡pero odio el hockey!

También, practico la natación y la vela.

8 Pamplona – una ciudad deportiva

Lee el texto y luego contesta a las preguntas en español.

El deporte es muy popular entre los habitantes de Pamplona. Les chifla. Pamplona tiene numerosas zonas verdes y muchos centros de deporte.

A los pamploneses les gusta mucho el fútbol, el alpinismo, el patinaje, el ciclismo, el atletismo, la natación, el tenis, el baloncesto y las artes marciales. En Pamplona hay buenas instalaciones. Además, el área de Deportes del Ayuntamiento organiza anualmente varios programas de deporte en las que participan miles de personas.

En general pienso que los pamploneses prefieren el fútbol y el ciclismo. Pamplona tiene un equipo de fútbol que juega en primera división, Osasuna, y tiene los mejores ciclistas de España.

a Busca todos los deportes mencionados en el texto.

b Lee el artículo otra vez y contesta verdad (V), mentira (M) o no se sabe (?).

Ejemplo **1 M**.

1 El deporte no es muy popular en Pamplona.
2 Pamplona no tiene muchas instalaciones deportivas.
3 Muchos pamploneses practican el piragüismo.
4 Es posible practicar el kárate en Pamplona.
5 Las instalaciones son muy malas.
6 Los programas de deporte no son populares.
7 Los deportes más populares en Pamplona son el fútbol y el ciclismo.
8 El equipo de fútbol de Pamplona juega en la segunda división.

9 ¿Y tu mejor amigo/a?

¿Cómo es tu mejor amigo/a?
¿Es deportista o no? ¡Escribe la verdad!

Ejemplo

Mi mejor amiga se llama Ana. ¡No es muy deportista! Juega al fútbol en el instituto y practica el atletismo: le chifla el fútbol pero odia el atletismo. De vez en cuando, va al polideportivo y practica la natación.

¿Qué haces en tu tiempo libre?

You will learn:
- to say what you do in your free time
- to talk about how often you do something

Maite va al estadio con su abuela para jugar al baloncesto. Tomás está en casa con su abuelo.

1 El abuelo y Tomás

Escucha y lee la historia. Rellena los espacios en blanco de las frases **1–8**.

Ejemplo **1 Toco** la batería.

1 __ la batería.
2 __ música.
3 __ la informática.
4 __ con mis amigos.

5 __ miembro de un club.
6 __ por Internet.
7 __ la televisión.
8 __ al cine o al teatro.

Salgo	Soy
Escucho	Voy
Navego	Veo
Practico	Toco

Lee las frases **1–6** y decide quién es: Tomás, el abuelo, o los dos.

Ejemplo **1** el abuelo.

1 Le interesa la cultura.
2 Practica mucho deporte.
3 Odia la televisión.
4 Le interesa la música.
5 Le chifla la informática.
6 Toca un instrumento musical.

2 (Repaso) Vocabulario

¿Cómo se dicen las expresiones de abajo en inglés? ¡Tienes cinco minutos con tu pareja!

un día	en invierno	por la noche	todos los días
dos veces	por la tarde	una vez a la semana	depende
en verano	por la mañana	una tarde a la semana	el fin de semana

3 El equipo

Escucha a los participantes del equipo de baloncesto. Empareja las frases.

Ejemplo **1 d**.

1 ¿Practicas la informática?

2 ¿Escuchas la radio?

3 ¿Sales mucho con tus amigos?

4 ¿Vas mucho al cine?

5 ¿Tocas algún instrumento?

6 ¿Eres miembro de algún club?

7 ¿Navegas por Internet?

8 ¿Ves mucho la tele?

a Sí, una tarde a la semana.

b Sí, una vez a la semana.

c El sábado por la mañana, hay una reunión.

d Sí, todos los días.

e En verano, no. En invierno, sí.

f Un día a la semana.

g No mucho.

h Depende. Dos o tres veces a la semana.

4 Te toca a ti

Trabaja con tu pareja: habla de tu tiempo libre. ¿Qué haces, y cuándo?

Utiliza las preguntas **1–8** en la actividad 3. Adapta las respuestas **a–h**. Añade tu opinión.

A

¿Practicas la informática?

No practico la informática.

Depende. Por la mañana, sí.

B

Sí, todos los días. ¡Me chifla! ¿Y tú?

¿Escuchas la radio?

¿Qué haces en tu tiempo libre?	
¿Practicas …?	Practico la informática.
¿Escuchas …?	Escucho música, la radio.
¿Sales …?	Salgo con mis amigos.
¿Vas …?	Voy al …, a la …
¿Tocas algún instrumento?	Toco (la batería, el piano).
¿Eres …?	Soy miembro de un club de …
¿Navegas?	Navego por Internet.
¿Ves …?	Veo la tele.

2.3 ¿Qué haces, y cuándo?

2.4   En mi tiempo libre

5 La carta de Gema

a Lee la carta de Gema.

b Utiliza el diccionario y la Táctica.

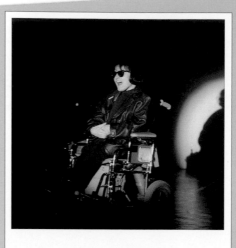

Soy una persona activa. En verano, juego al baloncesto, practico la natación y salgo con mis amigos. <u>Pinto</u> a la acuarela pero en invierno, <u>dibujo</u> en casa, <u>leo</u> tebeos o escucho música. No veo la tele – es un poco aburrida. Toco el piano y <u>canto</u> en un coro una tarde a la semana. El sábado, hay la reunión de mi club de jóvenes donde <u>aprendo</u> bricolaje.

<u>Bailo</u> también – ¡me chifla! ¿Y tú?

Gema

Táctica: New words

Without understanding all the words, use the picture to guess what Gema is talking about.

	Example
Is it a verb?	pint**o**
Take off the **-o**.	pint_
Add **-ar**, **-er** or **-ir**.	pint**ar**, pint**er** or pint**ir**?
Look it up in the dictionary!	pintar v/t paint; (*fig*) depict, picture; v/i paint …

c Pon los dibujos **1–6** en orden según la carta.

Ejemplo **3** …

1	2	3	4	5	6

6 ¿Y tú?

Describe lo que haces en tu tiempo libre. Utiliza un diccionario y la carta de Gema como modelo.

7 Por correo electrónico

a ♣ Tomás escribe a su familia y a su amigo inglés, Gary, quien visita Sevilla.
Lee la carta y las reacciones de sus padres. Rellena los espacios en blanco.

Ejemplo **1** frío.

Fichero ➡   Nuevo ⬅   Imprimir   Instrumentos

¡Hola a todos!

¿Qué tal en Sevilla, Gary? ¿Te gusta España? ¿Hablas mucho español? ¡Espero que sí! Aquí en Barcelona, bien. Maite juega al baloncesto todos los días, porque la competición es el sábado. ¿Y yo? No salgo mucho. Y no practico la natación, porque hace frío aquí en el norte. Veo la tele mucho (¡sobre todo el fútbol!). Me gusta, aunque es un poco difícil porque es todo en catalán.

Tú no conoces a mis abuelos, Gary, pero son muy activos y energéticos. El abuelo sale todos los días con sus amigos a conciertos o a la cafetería para jugar al ajedrez. Tiene sesenta y cinco años, pero practica el yoga y la natación. ¿Sabes que toca la batería?

A la abuela también le chifla la música de los años sesenta – tiene un montón de discos de los Beatles. Y la abuelita también es muy activa. Le gusta mucho ir de paseo por la sierra. En verano, es miembra de un club de vela en Salou. ¡Tiene más energía que yo! Escríbeme pronto por correo electrónico, Gary – ¡en español!

Hasta luego, Tomás.

¿Hace ...1...? Claro – ¡es el invierno, Tomás!

¿El abuelo sale con sus ...2...? ¡Qué bien!

¿Por qué no haces mucho ...3... Tomás? El polideportivo está cerca.

¿El abuelo practica el ...4...? ¡No me digas!

¿No practicas la ...5..., Tomás? ¡Qué lástima!

¿Tomás ve la ...6... en catalán? ¡Qué sorpresa!

¿La abuela escucha la ...7... de los años sesenta? ¡Qué raro!

¿Por qué no sales ...8..., Tomás? Barcelona es muy bonita.

| música | amigos | deporte | mucho | frío | natación | tele | yoga |

b Lee las reacciones otra vez. Busca los verbos para rellenar el cuadro.

	-ar		-er		-ir
	practicar	escuchar	ver	hacer	salir
yo	practico	escucho	veo	hago	salgo
tú	?	escuchas	ves	?	?
él, ella	?	?	?	?	?

▶▶ **Gramática 15, 16**

8 Te toca a ti

♣ Escribe un correo electrónico a un(a) amigo/a. Menciona:

● Qué tipo de persona eres (una persona activa, divertida, etc.).
● Actividades (deporte, música, cine, etc.).
● Frecuencia de las actividades (todos los días, los domingos, etc.).
● Opinión de las actividades, y por qué.

| 2.8 | ◆ ♣ Práctica: lengua |
| 2.9 | Práctica: lengua |

You will learn:
- to give your opinions on different sports
- to say why you like / dislike certain sports

Tomás y los abuelos ven el final de la Competición de Baloncesto en Barcelona.

Yo prefiero la natación – es tranquila.

El baloncesto es muy rápido.

¿Te gusta el baloncesto, abuelita?

Y emocionante – ¡ánimo, Maite!

Sí. Es muy competitivo.

Pero aburrida.

¡Ay! ¡No puedo mirar!

Barcelona 36, México 34.

Bueno, ¡es muy divertido!

¡Y también un poco peligroso!

¡Ah! ¡Qué pena!

¿No prefieres un deporte más tranquilo?

1 La competición 🖊 📖

Copia y completa las frases en los globos.

Ejemplo **1** El baloncesto es divertido.

1 El baloncesto es _____ .

2 El baloncesto es _____ ; y la natación es _____ .

3 El baloncesto es _____ y _____ .

4 La natación es _____ , pero el baloncesto es _____ .

rápido
competitivo
emocionante
aburrida
divertido
tranquila
peligroso

♣ **¿Verdad (V), mentira (M) o no se sabe(?)?**

1 El resultado final es treinta y cuatro a Barcelona, y treinta y seis a México.

2 Al abuelo le gusta el baloncesto.

3 A la abuelita, no le gusta la natación.

2 ¿Por qué?

a Empareja los dibujos **1–10** con las expresiones **a–j**. *Ejemplo* **1 c**.

b Adivina el deporte también y escribe una frase. *Ejemplo* **1** El golf es tranquilo.

a es peligroso
b es divertida
c es tranquilo
d es aburrido
e es rápido
f es cara
g es competitivo
h es barata
i es emocionante
j es educativa

1 **2** **3** ¡¡Sólo 6 euros!!

4 **5** **6**

7 **8** **9** **10** 175,000 euros

3 ¡No estoy de acuerdo!

 Utiliza los dibujos de la actividad 2. *A*: di una expresión. *B*: di el número.

A Es rápido. **B** ¡Número 2!

 Túrnate con tu pareja. *A*: da tu opinión. *B*: reacciona.

A El piragüismo es aburrido. **B** ¡No estoy de acuerdo! Es emocionante.

| **el** fútbol es divertid**o**, emocionant**e** | **la** informática es divertid**a**, emocionant**e** |

4 La canción de los deportes | 2.5 |

Escucha y canta la canción con tu clase.

5 Las opiniones

 Escucha. Lee las frases **a–f**. Empareja las opiniones con los jóvenes.
¡Cuidado – sobra una frase!
Ejemplo **1 b**.

a Es rápido.   c Es divertida.   e Es interesante.
b Es tranquilo.   d Es peligroso.   f Es educativa.

 Apunta el deporte y otra información.
Ejemplo **1 b**, el golf, es aburrido.

2.5	La canción de los deportes
2.6	Dani y Ana
2.7	El intercambio

Rocío, 15 años, es residente de Barcelona.

– ¿Qué haces en tu tiempo libre, Rocío?
– Soy hincha del Internet. Me gustan los webs sobre música, y visito las páginas sobre las series de televisión. Es muy divertido.

– ¿Por qué te gusta el Internet?
– Es interesante, pero también educativo: aprendo mucho sobre la ciencia y la tecnología.

– ¿Tienes muchos amigos en la red?
– ¡Sí! Utilizo el correo electrónico. Es emocionante leer cartas de mis amigos en Australia. Participo en los chats también. El problema es que es caro. Y mi ordenador no es muy rápido. ¡Quiero otro!

– ¿Y qué deportes practicas?
– Practico la natación, pero es un poco aburrida. Juego un poco al squash también, pero es competitivo y no me interesa mucho. ¡Prefiero el Internet!

6 Navegar por Internet

Lee el artículo y completa las frases con la expresión correcta.

Ejemplo **1 c**.

1 Es divertido …	**a** leer algo sobre la ciencia y la tecnología.
2 Es emocionante …	**b** participar en los chats.
3 Es educativo …	**c** visitar las páginas sobre las series en la televisión.
4 ¡Es aburrida!	**d** mi ordenador – ¡quiero otro!
5 Es competitivo.	**e** recibir cartas de mis amigos por correo electrónico.
6 Es caro …	**f** No me gusta mucho la natación.
7 No es muy rápido …	**g** Por eso, no me gusta el squash.

7 Entrevista a un(a) amigo/a

Haz una entrevista y grábala en un vídeo o escríbela para tu *Revista de Clase*. Pregunta:
● ¿Qué haces en tu tiempo libre? ¿Qué deporte practicas?
● ¿Por qué te gusta? ¿Te gusta (la informática)? ¿Por qué?

¿Te gusta … ?	el fútbol, la informática, la música
	navegar por Internet, jugar al baloncesto, leer
¿Por qué?	
Me gusta / No me gusta …	porque es …

aburrido/a, divertido/a, barato/a, caro/a, rápido/a, tranquilo/a,
peligroso/a, competitivo/a, educativo/a, emocionante

¡Odio el golf porque es peligroso!

 Gramática 7

8 Padres y niños

a  El grupo de teatro lee una escena de su obra dramática: Padres y Niños. Escucha y lee.

AMALIA:	¿Dónde está Papá? ¿En el gimnasio?
JAIME:	¡Otra vez! Papá pasa todo el día trabajando en una oficina …
AMALIA:	¡… y toda la tarde practicando la gimnasia!
MAMÁ:	Le gusta. A mí también me gusta el deporte.
AMALIA:	Sí. Pasas horas y horas practicando la natación …
JAIME:	Y por la tarde, ¡otra hora haciendo footing!
AMALIA:	Luego dos tardes a la semana saliendo con tus amigas.
JAIME:	¡Nunca estás en casa!
MAMÁ:	¿Y tú, Amalia? ¿Qué deporte practicas? ¡El zapping! Pasas toda la tarde viendo la tele. No estudias mucho.
AMALIA:	¡Es aburrido, Mamá!
MAMÁ:	Y tú, Jaime, con el Walkman, escuchando tu música rock …
JAIME:	¡Me chifla la música!
MAMÁ:	¿Sí? Entonces, media hora tocando la flauta. Tienes clase mañana. Y tú, Amalia, una hora haciendo deberes.
JAIME:	¡Ya voy!
MAMÁ:	¡Niños!
AMALIA:	¡Padres!

b ¿Quién es: Papá, Mamá, Amalia o Jaime?

Ejemplo **1** Mamá.

…**1**… – practicando la natación.   …**4**… – practicando la gimnasia.

…**2**… – tocando la flauta.   …**5**… – viendo la tele.

…**3**… – escuchando su Walkman.   …**6**… – saliendo con sus amigas.

9 Teatro

Aprende la escena de arriba (actividad 8) y hazla en tu clase con tu grupo de amigos. Inventa otras líneas, si quieres.

Paso	horas y horas	practic**ando** (el atletismo).	**-ar** > **-ando**
¿Pasas	mucho tiempo	**viendo** (la tele)?	**-er** > **-iendo**
(X) pasa	todo el día	sal**iendo** (con sus amigos).	**-ir** > **-iendo**

▶▶ Gramática 20

- ### Stem-changing verbs
Some verbs not only change their ending, but also have a change in their stem:

	e >ie	o / u > ue	e > i
	preferir *(to prefer)*	jugar *(to play)*	repetir *(to repeat)*
yo	prefiero	juego	repito
tú	prefieres	juegas	repites
él, ella, usted	prefiere	juega	repite
nosotros/as	preferimos	jugamos	repetimos
vosotros/as	preferís	jugáis	repetís
ellos/as, ustedes	prefieren	juegan	repiten

▶▶ Gramática 21

- ### Irregular verbs
Some of the most commonly used verbs do not follow the regular pattern.

	hacer *(to do)*	salir *(to go out)*	ver *(to see)*	ser *(to be)*	ir *(to go)*
yo	hago	salgo	veo	soy	voy
tú	haces	sales	ves	eres	vas
él, ella, usted	hace	sale	ve	es	va
nosotros/as	hacemos	salimos	vemos	somos	vamos
vosotros/as	hacéis	salís	veis	sois	vais
ellos/as, ustedes	hacen	salen	ven	son	van

¿Haces deporte? Sí, juego al golf.   *Do you do any sports? Yes, I play golf.*

Yo veo la tele – pero Juan sale al cine.   *I watch TV, but Juan goes out to the cinema.*

▶▶ Gramática 16

1 ◆ **Maite's friend is very sporty. Copy and complete what she says she does. Use the verbs** *preferir* **and** *jugar. E.g.* **1** juego.

Me chifla el deporte. J _ _ _ o al squash con Maite. J _ _ amos durante una hora.
Los miércoles Maite j _ _ _ a al baloncesto con Joaquín. P_ _ _ _ _ _ _ _ el baloncesto, pero yo
p_ _ _ _ _ _ _ el fútbol.

2 ◆ **Fill in the gaps with the correct verb.**

ANA: ¿…**1**… al hockey?

JUAN: Sí, y …**2**… al rugby en verano.

ANA: ¿…**3**… miembro de algún club?

JUAN: Sí, …**4**… miembro de un club de ciclismo.

ANA: ¿…**5**… mucho la tele?

JUAN: En verano, no …**6**… mucho.

ANA: ¿…**7**… mucho con tus amigos?

JUAN: No …**8**… mucho – es caro.

Eres	salgo	Ves	Juegas
juego	soy	Sales	veo

3 ♣ **Read the poem and put the verbs in brackets into the correct form.**

Yo y mi hermana gemela

Yo (practicar) la natación,
Y ella (practicar) la equitación.
Yo (jugar) al fútbol,
Ella (jugar) al voleibol.
Yo no (salir) mucho por la tarde.
Yo no (ser) como mi hermana –
Ella (ir) a la discoteca
¡Hasta las dos de la mañana!
Y tú, ¿qué (hacer)? ¿(Ser) deportista?
¿Ciclista? ¿Tenista? o ¡Zapping-ista!

El Flamenco

En la región de Andalucía, en el sur de España, el baile típico es el flamenco.

A

Él lleva un pantalón negro y ajustado, una camisa blanca (un poco holgada), un chaleco negro, y una chaqueta corta y negra. Lleva también un sombrero negro y unos zapatos negros de tacón ancho.

B

Ella lleva un vestido largo de volantes, normalmente de manga larga. Es de color vivo, de lunares. Lleva zapatos negros de tacón ancho y un poco alto. En el pelo, lleva una flor.

1 Read the texts about flamenco dancers. Then match up the questions and answers.

1 ¿Qué es el flamenco?
2 ¿Es popular en qué parte de España?
3 Nombra un bailador famoso de flamenco.
4 ¿En qué instrumento se toca la música del flamenco?

a En el sur de España.
b La guitarra.
c Es un baile típico.
d Joaquín Cortés es el más famoso.

♣ Explain in as much detail as possible in English:

a What does the male flamenco dancer wear?
b What does the female flamenco dancer wear?

2 **La fiesta de mal gusto**

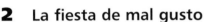

¿Qué llevas a la fiesta?

Llevo una falda larga, talla 50, un jersey de fútbol y unas botas grandes. ¿Y tú, Miriam?

Invitación
a una fiesta de
Mal Gusto
El sábado a las 21.00
para celebrar el cumpleaños de
Ramón

Llevo un pantalón verde vivo de rayas, botas rojas altas y una camiseta de flores naranja, ajustada.

Answer the questions in Spanish.

1 ¿Qué día es la fiesta?
2 ¿A qué hora?
3 ¿Por qué hay una fiesta?
4 ¿Qué colores lleva Miriam?
5 ¿Qué tipo de jersey lleva el chico?

1 Mi ropa preferida

Escucha. Para cada persona (**1–7**), elige el artículo de ropa apropiado (**a–h**). Sobra un dibujo.
Ejemplo **1 d**.

a

c

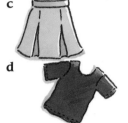

e

g

b

d

f

h

2 ¿Qué actividad prefieres?

Copia el cuadro y lee los cinco textos. Luego completa el cuadro.

	Actividad	Opinión		
		😊	😐	😞
1 *Ejemplo*	baloncesto	✓		
2				
3				
4				
5				

1 Me chifla todo tipo de deporte pero el deporte que prefiero es el baloncesto. Es muy divertido.

2 Normalmente los sábados voy a mi clase de música. Toco el piano. Es muy aburrido. Odio la música clásica.

3 Cuando puedo, navego por Internet. En mi opinión es interesante y educativo. ¡Me chifla!

4 Una vez a la semana practico la natación. Me da igual. En mi opinión, hay actividades mucho más interesantes que hacer.

5 No veo mucho la televisión porque no me interesa mucho y en mi opinión todos los programas son muy aburridos.

3 Mi uniforme

Lee el texto y escribe un texto similar.

Al instituto llevo un pantalón negro, zapatos negros, una camisa blanca, una corbata de rayas (azul marino y rojo) y una chaqueta azul. No me gusta mi uniforme.

El fin de semana llevo mis vaqueros holgados, zapatillas blancas, un jersey negro y una gorra. Me gusta la ropa holgada.

4 Las preferencias

¿Qué opina cada persona? Escucha y escribe si le chifla (✓), si le da igual (~) o si no le gusta (✗).

Mónica			✓				
Gustavo							
María							
Raúl							
Antonio							

5 La palabra correcta

Indica la palabra más apropiada en cada frase. Luego busca la frase inglesa apropiada.

Ejemplo **1** Quiero una bolsa **negra**. I want a black bag.

1 Quiero una bolsa (negro / negra).
2 Prefiero (esta / aquello) bolsa.
3 ¿Prefieres (esta / esto) bolsa o aquélla?
4 ¿Cuál es la bolsa más elegante? ¿(Ésa / Éso)?
5 Me llevo (este bolsa / aquella bolsa).
6 En mi opinión, el baloncesto es el deporte menos (peligroso / peligrosa).
7 La natación es (divertido / divertida).

a I prefer this bag.
b I'll take that bag (over there).
c Which is the smarter bag? That one?
d I want a black bag.
e Do you prefer this bag or that one over there?
f Swimming is fun.
g In my opinion basketball is the least dangerous sport.

6 Una carta de Marisa

a Lee la carta. ¿Marisa menciona las cosas a–e? Escribe *sí* o *no*.

Ejemplo **a** sí.

a su deporte favorito
b toca un instrumento
c la informática
d su ropa para una fiesta
e su música favorita

b Lee la carta otra vez, y las frases 1–6. ¿Verdad (V), mentira (M) o no se sabe (?)? Corrige las frases mentirosas.

Ejemplo **1 M**. (Es miembro de un equipo **femenino**).

1 Marisa es miembro de un equipo mixto de hockey.
2 A Marisa le chifla ir al supermercado.
3 Marisa navega por Internet cuando es caro.
4 Para la fiesta Marisa va a llevar un pantalón.
5 Marisa odia hacer los deberes.
6 Pedro Almodóvar es un director de cine español.

¡Hola! ¿Qué tal?

Bueno, para el fin de semana tengo muchos planes. ¿Y tú?

Los sábados por la mañana juego al hockey en el equipo femenino de Burgos. Es mi deporte preferido — es muy competitivo y bastante peligroso. ¡Me chifla! Los sábados por la tarde voy al supermercado con mis padres — es aburrido.

Por la noche voy a la fiesta de mi amiga, Juana. Voy a llevar una camisa blanca y una falda azul.

El domingo por la mañana hago mis deberes y navego por Internet porque es más barato a esa hora. Por la tarde salgo con mis amigos al cine. Vamos a ver una película del director español, Pedro Almodóvar.

Un abrazo, Marisa

3 La comida

3A ¿Cuándo comes?

You will learn:
- to say when you eat
- to say where you eat

Hay problemas en la casa de los abuelos.

Más tarde …

¡Tomás!

¿Cuándo desayunas normalmente, abuelo?

¡Tomás! ¡Maite!

En México, ¿a qué hora comes?

Normalmente como a las dos.

Yo siempre desayuno a las siete.

Siempre como a la una y media.

A las dos y cuarto.

Más tarde …

Son las cinco … vamos a merendar … ¡ay!

Pero … yo siempre meriendo a las cuatro.

Más tarde …

¡Tomás!

¡Maite!

¡Qué desastre! … ¿Cuándo cenas normalmente?

A las diez.

Y yo a las diez y media.

Yo ceno siempre a las diez menos cuarto.

1 Problemas

a Escucha y lee la historia.

Empareja las preguntas y las respuestas.

Ejemplo **1 b**.

1 ¿Cuándo desayunas?
2 ¿A qué hora comes?
3 ¿A qué hora meriendas?
4 ¿Cuándo cenas?

a Como a las dos y cuarto.
b Desayuno a las siete.
c Ceno a las diez y media.
d Meriendo a las cuatro.

b ¿Quién contesta: el abuelo, la abuela, Maite o Tomás?

Ejemplo **a** Maite.

2 ¿A qué hora comes?

Túrnate con tu pareja. Utiliza las preguntas de la actividad 1.

A *¿A qué hora meriendas?* *Meriendo a las cinco.* **B**

3 ¿Dónde comen?

a ¿Dónde comen? Escucha y apunta la letra correcta de las frases **a–f**.

Ejemplo **1 c**.

a en la cafetería **c** en la cocina **e** en la cantina
b en el comedor **d** delante de la tele **f** en el salón

b Escucha otra vez. ¿Qué dicen? Apunta la letra correcta.

Ejemplo **1 c A**.

A desayuno **B** como **C** meriendo **D** ceno

4 Me gusta comer así

Copia y completa el cuadro.

¿Qué menciona cada persona – desayuna, come o cena? ¿Dónde, a qué hora y qué es su opinión?

Yo siempre desayuno en la cafetería a las siete. Es más caro pero mucho mejor que en casa.

Antonio

Yo nunca desayuno en la cafetería. Prefiero desayunar con mi familia en la cocina. Es más social y el café de mi madre es mejor. Desayunamos a las siete y media.

Mónica

En mi casa toda la familia cena a las nueve. Cenamos en el comedor. No me gusta cenar con mi familia. Es aburrido. Es la peor hora del día.

Jordi

Normalmente como en el restaurante de mis padres. Como a las tres y media. Me chifla porque el restaurante es el mejor de la zona.

María

	¿Desayuna, come o cena?	¿Dónde?	¿A qué hora?	Opinión
E.g. Antonio	desayuna	la cafetería	a las 7	Más caro. Mucho mejor que en casa
Mónica				
Jordi				
María				

Adjective	Comparative	Superlative
bueno/a/os/as (*good*)	mejor(es) (*better*)	el / la mejor, los / las mejores (*the best*)
malo/a/os/as (*bad*)	peor(es) (*worse*)	el / la peor, los / las peores (*the worst*)

 Gramática 10

5 ¿Dónde y cuándo comes?

Trabaja con tu pareja.

A *¿Dónde comes?*

En la cafetería. **B**

Repaso **A** *¿Cuándo comes allí?*

Como en la cafetería entre semana. **B**

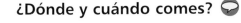
entre semana el fin de semana en las vacaciones

6 Una carta

a Lee la carta de Tomás. Rellena los espacios en blanco con la palabra apropiada.

¡...**1**... Pilar!
¿Qué tal? Estoy aquí en Barcelona con los abuelos. Los ...**2**... son muy amables, pero es un poco difícil.
Sabes que en Sevilla desayuno, como, meriendo y ceno ...**3**... de la tele. Aquí, todos los días desayuno a las ...**4**... en la cocina – con los abuelos. Como ...**5**... la una y ...**6**... en el comedor – con los abuelos. Meriendo a las cinco en la ...**7**... – con los abuelos. Y ¿dónde ceno? – ...**8**... siempre a las diez menos cuarto en el comedor – ...**9**... los abuelos.
En mi opinión es mucho ...**10**... en Sevilla que en Barcelona. Los ...**11**... momentos son cuando mi prima pasa el día entero en la playa. No me gusta la playa – creo que es mucho mejor en la piscina pero es ...**12**... porque no tengo amigos aquí. No puedo ver la ...**13**... no puedo leer mi revista favorita. ¡Qué asco! Tengo ganas de volver a Sevilla.
Besos,
Tomás

ceno
delante
peores
siete
tele
hola
media
con
aburrido
mejor
abuelos
cocina
a

b Escribe las respuestas de Tomás a las preguntas de Pilar.

Ejemplo **1** Desayuno a las siete.

1 ¿A qué hora desayunas?
2 ¿Cuándo comes?
3 ¿Cuándo meriendas?
4 ¿Dónde desayunas?
5 ¿Dónde meriendas?
6 ¿Dónde cenas?

¿A qué hora …	desayunas?	Desayuno	a la (una), a las (dos) y media.
¿Cuándo …	comes?	Como	en la cantina / cafetería del insti.
¿Dónde …	meriendas?	Meriendo	en el comedor / en la cocina.
	cenas?	Ceno	en el salón / delante de la tele.

7 Respuestas

Y tú, ¿cuándo y dónde comes? Trabaja con tu pareja.

A

¿A qué hora desayunas?

¿Dónde desayunas?

B

Desayuno a las siete y cuarto.

Desayuno en la cocina.

Táctica

Try to speak Spanish with your partner all the time. Don't forget!

A ¿A quién le toca? *Whose turn is it?*
B Me toca a mí. *It's my turn.*
C Te toca a ti. *It's your turn.*
¿Qué opinas? *What do you think?*

8 Una postal

Escribe a Pilar. Contesta a las preguntas de la actividad 6b.

Ejemplo

Querida Pilar, desayuno a las seis y media …

| 3.1 | ¿A qué hora y dónde? |

9 Una entrevista

☘ Radio Sol entrevista a Carmina y a Michael.

a Lee y escucha el artículo. Busca las palabras que no conoces en la sección de vocabulario.

RS: Carmina, ¿dónde y a qué hora sueles comer?

CARMINA:
De lunes a viernes trabajo toda la noche en Urgencias. Suelo cenar a las nueve y entonces me voy al hospital. Trabajo desde las diez hasta las siete. A las tres de la mañana, generalmente meriendo algo en la cantina. A las siete de la mañana suelo volver a casa, para desayunar y descansar. Es el mejor momento del día. ¡Qué vida tan extraña!

RS: Michael, ¿cuándo y dónde sueles comer?

MICHAEL:
Soy piloto de líneas aéreas y mi horario es el peor del mundo. Por ejemplo, en este momento, suelo llegar al aeropuerto de Mánchester a las tres de la mañana. Es la peor hora para desayunar porque las cafeterías están cerradas. Después, salgo para los Estados Unidos. Suelo llegar a Nueva York, a las once y media, hora británica. Pero en Nueva York son las seis y media. No es el mejor momento para desayunar. Continúo hasta la Ciudad de México. Suelo llegar a las seis de la tarde, hora británica, a la una, hora neoyorquina y a las once, hora mexicana. ¿Qué hago? ¿Ceno, como o desayuno?

Soler is a stem-changing verb (o → ue), meaning 'to be accustomed to' or 'to be used to'. It can also be translated as 'usually'. It is always followed by an infinitive.

E.g.

Suelo	desayunar	a la (una).	*I usually have lunch at 1 o'clock.*
Sueles	comer	a las (dos, tres, etc.).	
Suele	merendar	en (la cantina) …	
	cenar		

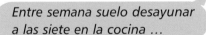 **Gramática 36**

b ¿Y tú? Trabaja con tu pareja. Prepara una entrevista. Grábala para la radio y escríbela para una revista.

 A ¿Cuándo y dónde sueles desayunar?

B Entre semana suelo desayunar a las siete en la cocina …

10 Un reportaje

☘ La reportera prepara un artículo, pero hay errores en sus notas.

a ¿Cada frase es verdad (V) o mentira (M)?
Ejemplo **1 V**.

b Corrige las frases mentirosas.

1 Carmina suele merendar en la cantina de Urgencias.
2 Carmina suele volver a casa a las seis.
3 Carmina suele trabajar desde las siete hasta las diez.
4 Michael suele llegar a Nueva York a las once y media, hora neoyorquina.
5 Michael suele desayunar dos o tres veces por día.

 ☘ La ruta de Michael

3B ¿Qué tomas?

You will learn:
- to say what you eat and drink
- to talk about ingredients of meals

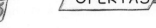

OFERTAS

1 el yogur   2 el helado

3 la mantequilla   4 el arroz   5 las peras   6 los plátanos

7 la lechuga   8 los guisantes   9 las gambas   10 el pollo

11 la miel   12 las galletas   13 los bollos   14 el zumo de melocotón

1 ¿Dónde está?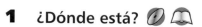

Escucha y lee los nombres de los alimentos.

2 Los anuncios

Escucha y rellena los espacios en blanco con el alimento correcto de arriba.

Ejemplo **a** el yogur.

> Para el desayuno, el ...**a**...y los ...**b**... son fenomenales con ...**c**... y ...**d**... Y para beber, el ...**e**... es muy refrescante.

> Para comer, el ...**f**... es muy rico y los ...**g**... y la ...**h**... son muy baratos.

> Para merendar, los ...**i**..., las ...**j**... y las ...**k**... son deliciosos.

> Para cenar, sugerimos las ...**l**... y el ...**m**... y luego un ...**n**... de chocolate o café.

3 ¿Qué compras hoy?

a Teresa y Carmina están en el supermercado. ¿Qué compran? Apunta el número correcto.

Ejemplo Teresa 4 … Carmina 13 …

b Escucha y lee las frases **1–6**. ¿Quién habla: Carmina, Juan, Teresa o Isabel?

Ejemplo **1** Teresa.

1 Necesito arroz.
2 Desayuno yogures.
3 Meriendo galletas.
4 Desayuno bollos.
5 Quiero una lechuga.
6 Meriendo plátanos – ¡me chiflan!

4 ¿Qué tomas?

Trabaja con dos o tres personas.

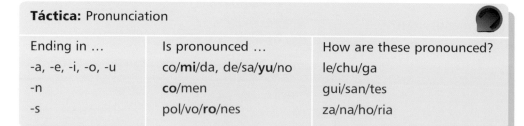

A ¿Qué desayunas?

B Tomo un bollo con miel.

C Meriendo galletas.

Táctica: Pronunciation

Ending in …	Is pronounced …	How are these pronounced?
-a, -e, -i, -o, -u	co/**mi**/da, de/sa/**yu**/no	le/chu/ga
-n	**co**/men	gui/san/tes
-s	pol/vo/**ro**/nes	za/na/ho/ria

En casa de Isabel, Gary tiene problemas.

5 **¿Qué comes, Gary?**

a Escucha la historia.

b Lee la lista de Teresa. ¿Gary come los alimentos **1–10** normalmente?
   Escribe *sí* (✓) *no* (✗) o *no se sabe* (?).

6 **Y tú, ¿qué comes?**

a ¿Qué alimentos comes? Túrnate con tu pareja. Mira la actividad 1.

 A   *¿Comes yogur?*   *No, no como yogur.* **B**

b ¿Qué alimentos te gustan y no te gustan?

 A   *¿Te gusta el arroz?*   *Sí, me gusta el arroz.* **B**

 Repaso No olvides los alimentos que ya conoces.

Ejemplo *¿Te gusta el pescado?*

1 arroz   ✗
2 guisantes
3 lechuga
4 pollo
5 gambas
6 galletas
7 mantequilla
8 plátanos
9 helados
10 yogures

(No) Me gusta el … / la …
(No) Me gustan los … / las …

7 **Repaso** Trabajo de memoria

Trabaja con tu pareja. ¿Te acuerdas?
¿Cómo se dicen estas palabras en inglés?

a Prepara una lista. ¡Tienes cinco minutos!

¡No utilices el diccionario!

Ejemplo aceite *oil.*

b ¿Cuántos puntos tienes?

Ahora busca las palabras que no conoces en la sección de vocabulario.

¿Masculino o femenino?

Ejemplo aceite *(m).*

aceite	gazpacho	pastel
ajo	granizado	pescado
bocadillo	huevo	pimiento
cebolla	jamón	queso
cerdo	leche	tomate
cruasán	manzana	tortilla
ensalada	naranja	

8 La paella

Ahora a Gary le interesa la comida española. Rellena los espacios en blanco en el artículo.

La paella es la especialidad de Valencia. Es el plato más famoso de España.

Se ponen muchos ingredientes diferentes. Se prepara con el  . Normalmente

contiene una , el , unas , el y el .

Algunas veces contiene también el  , el , unos ,

unos  , y un .

Otro ingrediente muy importante es el azafrán.

9 El rap de los alimentos   3.4

Haz el rap en tu clase.

10 ¿Qué comes normalmente?

Prepara una descripción de lo que comes en un día típico. También puedes utilizar los alimentos de la actividad 7.

Ejemplo Normalmente desayuno huevos fritos con tomates. Bebo zumo de naranja y café.

¿Qué ...	desayunas / comes / meriendas / cenas / bebes / tomas?	
Desayuno / como / ceno / bebo / tomo ...		
helado	mantequilla	bollos
pollo	miel	peras
arroz	lechuga	plátanos
zumo de melocotón	carne	gambas
yogur		galletas
pescado		guisantes

3.3 | Una encuesta sobre la comida

3.4 | El rap de los alimentos

11 ¿Qué hay en el libro de recetas? 📖 ✏️ Ⓓ

♣ Es el cumpleaños de Teresa. Isabel y Gary preparan una comida. Pero, ¡el libro de recetas está en pedazos! Empareja cada lista de alimentos con la categoría correcta. Utiliza la sección de vocabulario, si quieres.

Ejemplo **1 e**.

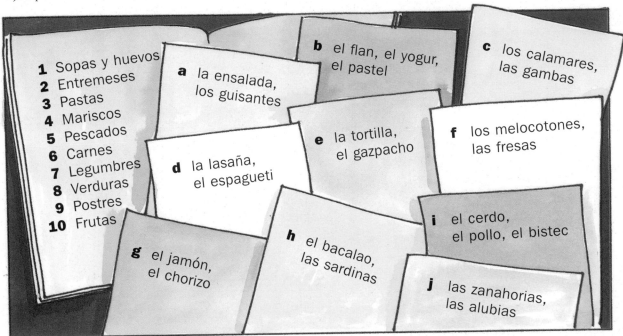

1 Sopas y huevos
2 Entremeses
3 Pastas
4 Mariscos
5 Pescados
6 Carnes
7 Legumbres
8 Verduras
9 Postres
10 Frutas

a la ensalada, los guisantes

b el flan, el yogur, el pastel

c los calamares, las gambas

d la lasaña, el espagueti

e la tortilla, el gazpacho

f los melocotones, las fresas

g el jamón, el chorizo

h el bacalao, las sardinas

i el cerdo, el pollo, el bistec

j las zanahorias, las alubias

12 ¿Qué foto? 📖 ✏️

♣ Busca la categoría correcta para cada foto.

13 ¿Qué hay en la foto? 📖 ✏️ Ⓓ

♣ Prepara una lista de los ingredientes en cada foto.

a

b

c

14 ¿Qué más? 📖 ✏️ Ⓓ

♣ Prepara una lista de categorías. ¿Conoces otros alimentos? Escríbelos en la categoría correcta. Puedes utilizar el diccionario.

Ejemplo Frutas: peras, manzanas, ciruelas.

15 El menú de cumpleaños 📖 ✏️ 🖱️

♣ Prepara un menú para un cumpleaños.

SOPAS Y HUEVOS
Tortilla de queso
Sopa de tomates

ENTREMESES
Hamburguesa y patatas fritas
Pizza

POSTRES
Helados (varios)
Pastel de cumpleaños

3C ¿Cómo es?

You will learn:
- to compare what people eat in Spain and the UK
- to say and understand what is eaten on special occasions

Teresa lee un artículo. ¡Hay sorpresas!

¡Mira, Gary! En España se toma menos azúcar, se toma menos sal, se come menos mantequilla, se come menos helado, pero se come más fruta, ... y más ajo!

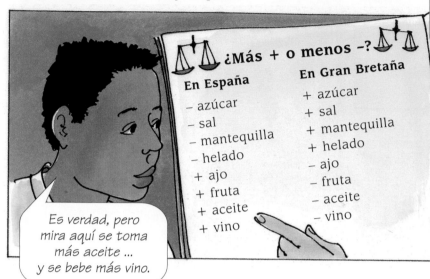

¿Más + o menos –?

En España
- azúcar
- sal
- mantequilla
- helado
+ ajo
+ fruta
+ aceite
+ vino

En Gran Bretaña
+ azúcar
+ sal
+ mantequilla
+ helado
- ajo
- fruta
- aceite
- vino

Es verdad, pero mira aquí se toma más aceite ... y se bebe más vino.

1 ¿Más o menos?

Escucha a Teresa y Gary. Lee las frases **1–6**. ¿Verdad (V) o mentira (M)?

Ejemplo **1 M**.

En España ...

1 Se toma más azúcar.
2 Se toma menos sal.
3 Se come menos mantequilla.
4 Se come menos fruta.
5 Se come más ajo.
6 Se bebe más vino.

 Corrige las frases mentirosas.

2 ¿Qué comen?

Trabaja con tu pareja. Continúa la descripción de lo que se come y se bebe en España. Mira los dibujos.

se come (más)	people eat (more)
se bebe (menos)	people drink (less)

A En España se comen gambas.

B En España se comen gambas y se bebe café.

Trabaja con tu pareja. Continúa la comparación de lo que se toma y se hace en España y Gran Bretaña. Mira los dibujos.

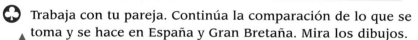
A En España se toma más aceite que en Gran Bretaña.

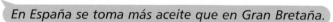
B En España se toma más aceite y se hace más ensalada que en Gran Bretaña.

3.5 Los platos típicos de España   3.6 La comida mexicana   3.8 ¿Comes alimentos sanos?

3 ¿Cómo es?

a Escucha la conversación entre Carmina, Gary e Isabel.
¿Qué opina Gary?

Empareja correctamente las dos partes de las frases.

Ejemplo **1 c**.

1 El desayuno en España	**a** es más fuerte. Se come más carne.
2 La comida en Gran Bretaña	**b** es más sana. Se come más fruta.
3 La merienda en España	**c** es más ligero. Hay menos cantidad.
4 La cena en Gran Bretaña	**d** es menos sana. Contiene mucho azúcar.

b ¿Cómo se dice en inglés? Apunta la palabra inglesa.

Ejemplo el desayuno *breakfast*.

> el desayuno   ligero/a   la cena   sano/a   la merienda   fuerte   la comida

4 ¿Qué diferencias hay?

Lee el fin del artículo y rellena los espacios en blanco.

Ejemplo **1** comida.

> | | | | |
> |---|---|---|---|
> | toma | la | contiene | bebe |
> | desayuno | come | diferencias | |
> | comida | menos | menos | |

> ¿Cómo es la ...**1**... en Gran Bretaña? Pues es muy buena, pero hay ...**2**... Por ejemplo, el ...**3**... es más fuerte y la merienda es ...**4**... sana. En Gran Bretaña normalmente ...**5**... comida ...**6**... menos ajo, y ...**7**... aceite. Se ...**8**... más azúcar. Se ...**9**... menos fruta. No se ...**10**... mucho vino.

¿Cómo es la comida en España?			
¿Qué diferencias hay entre (el desayuno) en España y en Gran Bretaña?			
El desayuno La comida	es	más / menos	ligero/a, sano/a, fuerte.
La merienda La cena	contiene	más / menos	sal, aceite, ajo, fruta, vino, azúcar, cantidad.
En España	se toma		
En Gran Bretaña	se come, se bebe		

5 Las diferencias entre Gran Bretaña y España

Lee el texto. ¿Verdad (V) o mentira (M)?

Ejemplo **1 M**.

1 El té es tan popular en España como en Gran Bretaña.

2 Se comen tantos cereales en España como en Gran Bretaña.

3 En Gran Bretaña la comida no es tan fuerte como en España.

4 Para la cena no se come tanta carne en Gran Bretaña como en España.

5 Hay tantos vegetarianos en Gran Bretaña como en España.

> La comida en España es muy diferente. Por ejemplo, al desayuno, no se bebe tanto té como en Gran Bretaña y los cereales no son tan populares. A mediodía, no se come tanto en Gran Bretaña como en España – normalmente sólo un bocadillo y fruta. La comida en Gran Bretaña no es tan fuerte como en España.
> La cena es más importante en Gran Bretaña que en España, pero no se come tanta carne. ¡No hay tantos vegetarianos en España como en Gran Bretaña!

 Práctica: lengua   Práctica: lengua

El día de Navidad

En España se hace una comida especial. ¿Te gusta el besugo, Tomás? Es un pescado muy popular.

Sí, ¡qué rico!

¿Quieres un poco de vino?

¡Puaj! No, gracias, se bebe menos vino en Gran Bretaña.

¿Qué diferencias hay?

En Gran Bretaña hay menos dulces típicos, pero se come más chocolate.

¿Qué más se come en Gran Bretaña el día de Navidad?

No se come tanto pescado en Gran Bretaña como en España.

El pavo es el plato más popular en Gran Bretaña el día de Navidad. También se come mucho pudín.

¿Cómo se celebra la Navidad en tu casa?

Se visita la familia y se ve más la televisión.

6 ¡Qué sorpresa!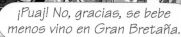

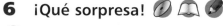 **Empareja las frases correctamente.**

Ejemplo **1 c**.

1 En España se come	**a** una comida especial.
2 En Gran Bretaña se bebe	**b** la familia.
3 En España se hace	**c** besugo (un tipo de pescado popular en España).
4 En Gran Bretaña se come	**d** menos vino.
5 En España se come menos	**e** mucho pavo.
6 Se visita	**f** la televisión.
7 Se ve	**g** chocolate que en Gran Bretaña.

7 Juego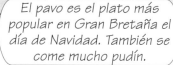

a  **Escucha y lee. ¿Verdad (V) o mentira (M)?**

1 En España, se come pavo con una salsa de pan.
2 En México, se come pavo con chocolate.
3 En Cádiz, se hace un pan muy raro.
4 En Gran Bretaña, se prende fuego al pudín.
5 En España, en Nochevieja, se comen diez uvas.

b  **Corrige las frases mentirosas.**

3.7 La comida típica española

8 ¿Cómo se celebra Navidad en tu familia?

Prepara una presentación oral o escrita.

a ◆ Menciona al menos cinco cosas.

Ejemplo En mi familia se celebra el 25 de diciembre: se hace una comida especial …

b Compara con tu pareja.

♣ ¿Qué diferencias hay entre España y Gran Bretaña?

Ejemplo En España se celebra el 24 de diciembre; se come mucho pescado …

Se celebra …	con la familia.	
No se celebra	el 24 de diciembre.	
Se hace / No se hace	una comida	especial.
	una salsa	típica.
	un pan	típico.
	un pudín	
Se bebe / No se bebe	más.	
Se gasta / No se gasta	menos.	
	mucho.	
Se ve / No se ve	la televisión.	
Se sale / No se sale	con los amigos.	
Se visita / No se visita	la familia.	

9 ¿Qué sabes de la cultura?

a ◆ Utiliza tu diccionario y busca las palabras que no conoces.

b Lee y empareja las fiestas (a–g) con las descripciones (1–7).

Ejemplo **1 f**.

1 Se celebra con procesiones, fuegos artificiales … y un dragón. Es en invierno.

2 Se celebra en otoño. Se va al templo. Es una fiesta religiosa muy importante para las personas que practican la religión Sikh.

3 Es una fiesta religiosa hindú. Es la fiesta de las luces. Se va al templo. Es en otoño.

4 La fiesta religiosa cristiana de la muerte de Cristo se celebra en primavera. Se celebra siempre el mismo día de la semana. Se va a la iglesia.

5 Es una fiesta religiosa muy importante para los musulmanes. Durante un mes, no se come ni se bebe durante el día. Todos los días, se va a la mezquita. Al final se come una comida especial con la familia.

6 Es una fiesta religiosa cristiana. Se celebra el nacimiento de Cristo en invierno. Se visitan los amigos, se envían muchas tarjetas, se gasta mucho dinero. Se dan regalos.

7 Es una fiesta religiosa judía. Se celebra la salida de los judíos de Egipto. Se come una comida típica con la familia.

a Diwali

b El cumpleaños del Guru Nanak

c El Viernes Santo

d El Ramadán

e La Pascua de los judíos

f La fiesta del año nuevo chino

g El día de Navidad

luces	lights
otoño	autumn
musulmán	Muslim
la muerte	the death
el nacimiento	the birth
los judíos	the Jews

3 Acción: lengua

Comparisons; the impersonal 'se'; the verb *soler*

Comparisons with nouns	En España se come **más** fruta **que** en Gran Bretaña. La comida en España contiene **más** ajo **que** en Gran Bretaña. La comida en Gran Bretaña usa **menos** aceite **que** en España.

Comparisons with adjectives	El desayuno en España es **más** ligero **que** en Gran Bretaña. La merienda en España es **más** sana **que** en Gran Bretaña. La comida en Gran Bretaña es **menos** fuerte **que** en España.

1 ♣ Join together each pair of sentences to make one longer sentence.

E.g. **1** En España se come más fruta que en Gran Bretaña.

1 En Gran Bretaña se come fruta. En España se come más fruta.

2 En España la merienda es sana. En Gran Bretaña la merienda es menos sana.

3 La comida española contiene ajo. La comida inglesa contiene menos ajo.

4 En Gran Bretaña se toma té con leche. En España se toma menos té con leche.

5 La comida española es picante. La comida inglesa es menos picante.

6 En España se come pan. En Gran Bretaña se come menos pan.

Irregular comparatives and superlatives	**Comparative** mejor / mejores *(better)* peor / peores *(worse)*	**Superlative** el / la mejor, los / las mejores *(the best)* el / la peor, los / las peores *(the worst)*

When using the superlative (**the** best / **the** worst, etc.) you must use the correct word for 'the' as follows:

el (masculine singular) e.g. Pablo es **el** mejor.

la (feminine singular) e.g. Mónica es **la** mejor.

los (masculine plural + mixture of feminine and masculine) e.g. Pablo y Pedro son **los** mejores.

las (feminine plural) e.g. Mónica y María son **las** mejores.

2 ◊ Match the Spanish sentences (1–6) to their English translations (a–f).

E.g. **1 c**.

1 Mi hermano es mejor que yo.

2 Mi hermano es peor que yo.

3 Mis amigos son mejores que yo.

4 Mis amigos son peores que yo.

5 Mi abuelo es el mejor deportista de la familia.

6 Mi hermano es el peor deportista de la familia.

a *My friends are better than me.*

b *My brother is the worst sportsman in the family.*

c *My brother is better than me.*

d *My grandfather is the best sportsman in the family.*

e *My brother is worse than me.*

f *My friends are worse than me.*

3 Complete the sentences with the correct form of the word in brackets.

E.g. **1** En mi opinión el **mejor** día de la semana es el viernes.

1 En mi opinión el _____ día de la semana es el viernes. (*best*)

2 En mi opinión los _____ futbolistas del mundo son de Brasil. (*best*)

3 En mi opinión las _____ asignaturas son el dibujo y la biología. (*worst*)

4 En mi opinión la _____ música del mundo es el jazz. (*best*)

5 En mi opinión los _____ meses del año son enero y febrero. (*worst*)

4 ♣ Translate the following sentences into Spanish. Use the examples to help. Make sure that you use the correct word for 'the'.

E.g. Juana is the best in the geography class. Juana es **la mejor** de la clase de geografía.

Antonio and Fernando are the worst in the biology class. Antonio y Fernando son **los peores** de la clase de biología.

1 Miguel is the best in the English class.
2 María and Pablo are the worst in the art class.
3 José is the worst in the history class.
4 José and María are the worst in the maths class.
5 Isabel is the best in the history class.
6 Ana and Beatriz are the best in the Spanish class.

as … as …	El desayuno es **tan** importante **como** la cena.
	Antonio es **tan** inteligente **como** Pablo.
as much … as …	En Gran Bretaña no se come **tanto** ajo **como** en España.
	En Gran Bretaña no se bebe **tanto** café **como** en España.
	En Gran Bretaña no se come **tanta** fruta **como** en España.

When saying 'as much … as …' in Spanish the word **tanto** has to agree with the word it is describing, i.e. it must be masculine (singular or plural) or feminine (singular or plural).

E.g. En Gran Bretaña no se come tant**o** ajo como en España. (**ajo** is masculine singular)

En Gran Bretaña no se come tant**a** fruta como en España. (**fruta** is feminine singular)

5 ◗ Select the correct spelling to agree with the word being described, i.e. masculine / feminine / singular / plural.

1 En el sur de España no se come (tanto / tanta) pescado como en el norte.
2 En Gran Bretaña no se come (tanto / tanta) ensalada como en España.
3 En Gran Bretaña no se bebe (tanto / tanta) vino como en España.
4 En España no se comen (tantos / tantas) patatas fritas como en Gran Bretaña.
5 En España no se bebe (tanto / tanta) Coca-cola como en México.

♣ Choose the correct word for each gap.

E.g. **1** mejor.

España tiene la …**1**… comida del mundo. Los platos …**2**… populares son la paella y el gazpacho. En el norte de España no se come …**3**… paella y no se come …**4**… gazpacho como en el sur. El norte de España es …**5**… famoso por el pescado, por ejemplo el bacalao. No se come …**6**… bacalao en el sur como en el norte.

| tanto | mejor | tanta | más | tanto | más |

6 ♣ Fill each gap with the correct form of the verb *soler*.

E.g. **1** suelo (*I usually …*)

Yo …**1**… desayunar delante de la televisión a las siete pero mi hermana …**2**… desayunar en la cafetería del colegio con sus amigas. Mis padres …**3**… desayunar juntos en la cocina. A las tres yo y mi hermana …**4**… comer en casa con nuestra madre. Mi padre …**5**… comer en un restaurante donde trabaja. Por la noche mi hermana …**6**… cenar con sus amigas pero yo …**7**… cenar en casa con mis padres.

soler *to usually …*	
suelo	*I usually …*
sueles	*you usually …*
suele	*he / she usually …*
solemos	*we usually …*
soléis	*you usually …*
suelen	*they usually …*

4 Mi vida

4A La rutina diaria

You will learn:
- to talk about your daily routine

Gary e Isabel hablan de su rutina diaria. Escucha y lee.

> Gary – ¿qué haces por la mañana en Gran Bretaña?

Me levanto a las siete y cuarto.

> **Me despierto** a las seis y media. **Me quedo** en la cama.

Me lavo los dientes a las siete y media.

> **Me ducho** o **me baño** a las ocho menos cuarto.

Me visto a las ocho. **Me pongo** el uniforme.

> **Me arreglo** a las ocho.

Me voy al instituto a las ocho y media. **Me quedo** allí hasta las cuatro.

> **Vuelvo a casa** a las dos.

> ¿Y qué haces por la tarde?

Me relajo y **me acuesto** a las diez y media.

> **Me relajo** a las diez. ¡**Me acuesto** a las doce!

1 La rutina de Gary e Isabel

Lee las dos rutinas otra vez. Escribe una frase para cada hora.

Ejemplo **a** Me relajo.

a 10.00	**c** 2.00	**e** 12.00	**g** 6.30	**i** 10.30
b 7.45	**d** 8.00	**f** 8.30	**h** 7.15	**j** 7.30

2 ¿Quién lo dice?

Túrnate con tu pareja. Utiliza las frases de la actividad 1.

 A dice una frase; *B* dice quién es.

 A dice o adapta una frase; *B* la corrige.

A Me levanto.

B ¡Gary!

A Isabel dice 'Me despierto a las siete'.

B ¡No! A las seis y media.

3 ¿Por la mañana o por la tarde?

Escucha a las personas **1–8**. ¿Hablan de la mañana (M) o de la tarde (T)?

Ejemplo **1 M**.

4 ¿Te gusta el instituto?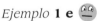

 Escucha y empareja las seis personas con los dibujos.

Ejemplo **1 e**.

 Escucha otra vez. ¿Les gusta el instituto? Apunta 😊 😐 😟

Ejemplo **1 e**

a Me divierto con mis amigos. **b** Me aburro un poco. **c** Me llevo mal con mis profes. **d** Me organizo bien. **e** Me olvido de cosas.

5 Con tu clase   `4.1`

Canta la canción de la rutina.

`4.1` La canción de la rutina

`4.2`   La rutina diaria

> **Táctica**
> Can you guess what 'me' means?

6 **Repaso** Por la tarde

◆ ¿Qué otras actividades haces por la tarde? Haz una lista. ◀ página 23.

Ejemplo Veo la tele, practico la natación …

7 Gary describe su rutina diaria

Hola

Soy Gary. Normalmente me despierto a las seis y media. Me ducho o me baño, me lavo los dientes y me visto. Desayuno en la cocina con mi madre. Como cereales y tomo un café con leche. Me voy al instituto a las ocho y media. Me gusta el instituto, especialmente los martes cuando tengo clase de educación física. Es mi asignatura favorita; me llevo bien con el profesor y me divierto con mis amigos. No me gustan los jueves y los viernes porque tengo clase de matemáticas y en la clase me aburro mucho. Generalmente me quedo en el instituto hasta las cuatro – hago mis deberes en la biblioteca. Vuelvo a casa en autobús y me relajo delante de la televisión. Ceno con mis padres y mi hermana y luego navego por Internet o juego al fútbol en el parque cerca de casa. Me lavo y me acuesto a las diez y media.

a ◆ Empareja las expresiones del texto en verde con las siguientes expresiones inglesas.

Ejemplo **a** Me ducho.

- **a** I have a shower
- **b** I go to bed
- **c** I stay (at school)
- **d** I have a bath
- **e** I have fun with (my friends)
- **f** I get on well with (the teacher)
- **g** I relax
- **h** I get really bored
- **i** I wake up
- **j** I get dressed

b ♣ Contesta a las preguntas en español.

1. ¿A qué hora se despierta Gary?
2. ¿Dónde desayuna?
3. ¿A qué hora se va al instituto?
4. ¿Cuál es su asignatura preferida?
5. ¿Qué clase no le gusta?
6. ¿Dónde hace los deberes?
7. ¿Dónde juega al fútbol?
8. ¿A qué hora se acuesta?

8 ¿Y tú?

a ◆ Prepara tus respuestas a las preguntas de la actividad 7b.
Practica con tu pareja.

b Haz una descripción de tu rutina diaria. Añade dibujos si quieres.

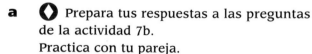

¡Hola! Me llamo Kate. ¿Mi rutina? Me despierto a las siete …

¿Qué haces por la mañana?	me despierto, me levanto, me quedo (en la cama hasta las …), me lavo los dientes, me ducho, me baño, me arreglo, me visto, me pongo (el uniforme), me voy al instituto.
¿Te gusta el instituto?	me divierto (con mis amigos), me aburro, me llevo bien / mal (con mis profes), me organizo bien / mal, me olvido de cosas.
¿Qué haces por la tarde?	vuelvo a casa, me relajo, me acuesto.

9 La isla de Vieques

Lali y su hermano Quino son alumnos en el instituto de Isabel: este artículo viene de la revista del instituto. Lee el artículo y haz las actividades.

¡Hola, compañeros! Estamos aquí en Vieques, una isla pequeña y tranquila cerca de Puerto Rico. Nuestro padre es biólogo y vamos a pasar aquí tres meses. La rutina aquí es muy diferente de la de Sevilla. Nos despertamos temprano y nos levantamos a las siete – como de costumbre. Pero el chalé está en la playa, así que nos bañamos en el mar primero. Después, nos duchamos en el jardín (¡la ducha está fuera!) y luego desayunamos en la terraza. No vamos al instituto – nos quedamos en casa y estudiamos con Mamá. De día nos aburrimos un poco porque no tenemos muchos amigos aquí, pero nos llevamos bien con los vecinos – Ana, y su hermano Bernal.

El fin de semana, salimos con Bernal y Ana a la capital *Isabel Segunda*, en el norte. De día, nos divertimos en el campo o en la playa, practicando el windsurf o la equitación. De noche, nos relajamos en un bar. Jugamos al dominó, ¡que es muy popular! Para las fiestas, nos ponemos la camisa típica de aquí, la guayabera: es grande y holgada. A veces vamos con Papá de noche a la isla de Culebra para ver las tortugas enormes, y luego nos acostamos tarde a las dos o tres de la madrugada. ¡Vivir aquí es una experiencia inolvidable! Os mando una foto de la isla. Es preciosa ...

a Empareja correctamente.

Ejemplo **1 f**.

1 Nos despertamos	**a** en el mar.
2 Nos levantamos	**b** tarde.
3 Nos bañamos	**c** en casa.
4 Nos duchamos	**d** la guayabera.
5 Nos quedamos	**e** en el campo.
6 Nos llevamos bien	**f** temprano.
7 Nos relajamos	**g** un poco.
8 Nos acostamos	**h** con Ana y Bernal.
9 Nos aburrimos	**i** a las siete.
10 Nos divertimos	**j** en un bar.
11 Nos ponemos	**k** en el jardín.

b Copia el cuadro, y complétalo con los verbos *nos ...* de las frases **1–11** de arriba.
Escribe también con *me ...*

yo	nosotros
me despierto	nos despertamos
?	nos levantamos

Gramática 23

10 ¿Y nosotros en Gran Bretaña?

Escribe un artículo para la revista. Describe un día típico en tu país: el fin de semana con tu familia o un día escolar con tus amigos. Utiliza los verbos *me ... / nos ...*

4.3 El limpiabotas

¿A qué hora? ¿Cuándo? ¿Qué?

You will learn:
- to ask questions about daily routine
- to understand others' routines

Son las once y media de la noche en casa de Isabel. Teresa habla con Gary.

¿No eres trasnochador, entonces, Gary?

¡No! Prefiero la mañana. Soy madrugador.

¡Pero Isabel es madrugadora y trasnochadora!

1 ¿Madrugador o trasnochador?

a Escucha y lee.

b Escucha las conversaciones **1–8**. ¿Madrugador(a) o trasnochador(a)?
Escribe M o T. Apunta la hora también.
Ejemplo **1** M, 6.00.

2 En tu clase [4.4]

◊ Haz una encuesta.

A *¿Eres madrugador(a)?*

¡No, soy trasnochador(a)! **B**

¡Sí, soy madrugador(a)!

3 Las quejas de Teresa y Michael

a Lee las quejas y empareja las dos partes de las frases correctamente.
Ejemplo **1 e**.

b Escucha a Teresa y Michael y verifica. ¿Todo correcto? ¡Excelente!

1 ¿A qué hora te despiertas?
2 ¿A qué hora te levantas?
3 ¿Te duchas o te bañas?
4 ¿Qué te pones para ir al instituto?
5 ¿Te diviertes mucho?
6 ¿A qué hora te acuestas?

a ¡Unos vaqueros viejos y un jersey enorme!
b ¡A las doce!
c ¡Sí! ¡Sales todos los días!
d ¡A las siete y media!
e ¡A las seis y media!
f ¡Los dos! Te duchas por la mañana ... ¡y te bañas por la tarde!

4 Mis respuestas

Prepara tus respuestas a las preguntas **1–6**
de la actividad 3. 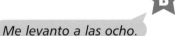 página 50.

Ejemplo Me levanto a las siete.

♣ Añade otros detalles. ◀ página 23.

Ejemplo Por la tarde, practico la gimnasia …

5 Con tu pareja 💬

Túrnate con tu pareja a preguntar y a contestar: utiliza las preguntas
1–6 de la actividad 3.

A ¿A qué hora te levantas?

B Me levanto a las ocho.

♣ Añade otros detalles y adapta las preguntas **1–6** de la actividad 3.

A ¿A qué hora te levantas entre semana?

¿A qué hora te despiertas el fin de semana?

B Me levanto a las siete y media.

Me despierto tarde, a las once.
¡No soy muy madrugador!

en general	normalmente	depende
entre semana	el fin de semana	en las vacaciones

6 Preguntas 📖

Escribe las preguntas a las respuestas **1–6**.

1 ¡No! Soy trasnochadora.
2 Me levanto a las ocho.
3 Me baño por la tarde.
4 ¡Sí! Salgo con mis amigos.
5 Una falda y una camisa.
6 A las once o doce de la noche.

¿Eres madrugador(a) o trasnochador(a)? Soy …		
¿A qué hora	**te** despiertas	para ir al instituto?
¿Cuándo	**te** levantas	entre semana?
	te acuestas	el fin de semana?
	te duchas	
	te bañas	por la mañana?
¿Qué	**te** pones	por la tarde?
¿Te diviertes mucho con tus amigos?		

♣ Inventa más respuestas. Tu pareja inventa las preguntas. ◀ páginas 23 y 50.

Ejemplo **Tú**: Veo mucho la tele. **Tu pareja**: ¿Ves mucho la tele?

4.4	En tu clase	4.5	¿A qué hora?	4.6	¡Más preguntas!

7 Las tres rutinas 🎧 [4.8]

Escucha a Bea, Toni y Paco. ¿La información del cuadro corresponde a sus rutinas?
Escribe ✓ o ✗ y corrige los errores.

Ejemplo Bea 1 ✗, 7.30.

	1	2	3	4	5	6
Bea	7.15	7.30				10.30
Toni	7.30	8.00				11.00
Paco	6.45	7.00				11.30

8 ¿Corresponde? 📖 ✏️

◆ Mira otra vez el cuadro de arriba (actividad 7) y haz las actividades a, b y c.

a Mira la rutina de Bea. Lee las frases **1–6**: ¿Corresponden con el cuadro? ¿Sí o no?

Ejemplo **1** sí.

1 Se despierta a las siete y cuarto.
2 Se levanta a las ocho menos cuarto.
3 Se ducha por la mañana.
4 Se pone unos vaqueros y una camisa.
5 Va al club juvenil.
6 Se acuesta a las once y media.

b Mira la rutina de Toni. Lee las frases **1–6** y corrige las que no corresponden al cuadro.

1 Se despierta a las <u>siete</u>.
2 Se levanta a las <u>ocho menos cuarto</u>.
3 Se baña <u>por la tarde</u>.
4 Se pone unos vaqueros y <u>una camiseta</u>.
5 Va <u>al cine</u>.
6 Se acuesta <u>a las doce</u>.

c Adapta las frases **1–6** de arriba y describe la rutina de Paco en el cuadro.

9 Te toca a ti 💬 ✏️

◆ Contesta a las preguntas **1–10**. Practica con tu pareja. Utiliza la Táctica, página 53.

1 ¿Eres madrugador(a) o trasnochador/(a)?
2 ¿A qué hora te despiertas entre semana?
3 ¿A qué hora te levantas los fines de semana?
4 ¿Qué haces por la mañana, normalmente?
5 ¿Comes bien?
6 ¿Te gusta el instituto?
7 ¿Qué haces por la tarde entre semana?
8 ¿Cómo te diviertes el fin de semana?
9 ¿A qué hora te acuestas normalmente?
10 ¿En tu opinión, estás estresado/a?

10 La carta de Isabel

Isabel escribe a Maite por correo electrónico. Lee la carta. Haz actividades a y b.

Fichero ➡	Nuevo ⬅	Imprimir	Instrumentos

¡Hola, Maite!

¿Qué tal allí en Barcelona, tú y Tomás? ¿Os divertís en casa de los abuelos? La rutina del norte es muy diferente de la del sur. Y los abuelos se despiertan temprano, incluso los sábados y domingos, ¿no? ¿Os levantáis con ellos u os quedáis en la cama? ¡Tomás no es muy madrugador! Y los abuelos se acuestan temprano también, a las diez de la noche. A lo mejor os aburrís un poco por la tarde ...

¿Y qué tal tú y Tomás? Según la carta de Tomás, os lleváis bien. ¡Cuéntame todo! Aquí, bien. Sabes que Papá y Mamá ya no están separados. Se llevan bien (de momento). A Papá le encanta el bebé. ¡El tiempo vuela! El bebé ya tiene tres meses. Papá dice que tú y Tomás vais a venir a Tarragona en marzo con nosotros. ¡Qué ilusión! Bueno, me voy. Tengo que estudiar.

Un abrazo, Isabel

a ¿Verdad (V), mentira (M) o no se sabe (?)?

Ejemplo **1 V.**

1 La hermana de Isabel tiene tres meses ya.
2 Tomás y Maite se aburren.
3 Tomás es madrugador.
4 Los padres de Isabel se llevan bien, de momento.

5 Los abuelos se despiertan temprano.
6 Maite y Tomás se divierten mucho.
7 Los padres de Isabel están separados.
8 Maite y Tomás se levantan tarde los fines de semana.

b Lee otra vez la carta y las frases de arriba. Rellena los cuadros con los verbos.

	Regulares				**Irregulares**	
	-ar	**-er**	**-ir**		**-ar**	**-ir**
(vosotros/as)	os ?	os ponéis	os aburrís		os despertáis	os divertís
(ellos/as, ustedes)	se llevan	se ponen	se ?		se ?	se ?

▶▶ **Gramática 23**

11 La respuesta

Completa la respuesta de Maite. Elige la expresión correcta.

Isabel, ¡gracias por tu carta! Los abuelos están bien. Sí, se (levantáis / levantan) temprano – ¡a las siete los sábados! Tomás me dice que os (acuestan / acostáis) a las doce de la noche en Sevilla. ¡Qué tarde! El abuelo y Tomás se (llevan / lleváis) muy bien; se (divertís / divierten) mucho comunicando por Internet. ¿Tomás y yo? Nos llevamos bien. ¿Cuándo exactamente os (van / vais) a Tarragona?
Besos, Maite.

4.7 Vivir 'de okupa'

4C ¿Qué opinas tú?

You will learn:
- to describe and give opinions about other people's routines
- to express differences in ages (older, younger, etc.)
- to recognise the past tense

1 La profesora de español entrevista a Gary

a Escucha y lee.

> ¿Cómo es la rutina en España, Gary?

> Pero esto es muy similar a mi rutina.

> Es un poco diferente. Isabel se levanta a las 6.30 y se va al colegio a las 8.30.

> Sí, pero Isabel no se pone uniforme y se queda en el colegio hasta las dos.

> Isabel come a las tres, se relaja y se va a la piscina.

> ¿No hace deberes?

> Sí. Hace dos horas de deberes cada día.

> ¿Y el fin de semana?

> Isabel se divierte mucho y se acuesta a las tres o cuatro de la mañana.

> ¡Es trasnochadora!

> Sí, pero yo no. El último día, salí con Isabel pero volví a casa a las once.

b Haz corresponder las frases con los dibujos.

Ejemplo **1 b.**

1 Isabel se levanta.
2 Se va al colegio.
3 Se queda en el colegio.
4 Se relaja.
5 Hace dos horas de deberes.
6 Se divierte mucho.

2 Mi familia y mis amigos

a Escucha a las cinco personas.

Completa las frases con las palabras apropiadas.

1 Mi hermano mayor _____ a las _____ .
2 Mi hermana _____ a la _____ .
3 Mi mejor amigo nunca _____ .
4 Mi hermano menor _____ y _____ .
5 Mi hermana _____ en el colegio con sus amigas pero _____ en clase.

b Escucha otra vez y apunta información adicional.

diez	se acuesta
se levanta	se lava los dientes
se divierte	una
se olvida de cosas	no se organiza bien
se aburre	

 4.11 Práctica: lengua

3 El profesor toma apuntes

Copia y completa el cuadro en español. Lee los apuntes del profesor para cada estudiante.

	¿A qué hora se va al colegio?	¿A qué hora se acuesta?	Opinión del profesor	
			positiva	negativa
1				
2				
3				

1

Juan es muy perezoso. Se acuesta a la una por la mañana, se queda en la cama y se levanta tarde. Se va al instituto a las 10. No se organiza y siempre se olvida de sus libros y su bolígrafo. Habla con Juan en clase. En mi opinión se aburre.

2

Pablo es trabajador y muy inteligente. Se va al instituto a las 7. Se organiza bien y es muy popular – tiene muchos amigos. Siempre hace sus deberes y es miembro de un equipo de fútbol así que se acuesta temprano – las diez y media normalmente.

3

Habla con Ana en clase. En mi opinión es una chica muy inteligente pero tiene un problema. Se va al colegio a las once. Tiene que trabajar en el restaurante de sus padres y no se acuesta hasta las dos o las tres.

-ar	-er	-ir
me levanto	**me** pongo	**me** aburro
te levantas	**te** pones	**te** aburres
se levanta	**se** pone	**se** aburre

▶▶ Gramática 23

4 La rutina de mi pareja

◊ Habla de tu rutina. Luego tu pareja tiene que describir tu rutina.

A

Me levanto a las seis y media. Me ducho, me lavo los dientes y me visto ...

Mi pareja se levanta a las 6.30. Se ducha, se lava los dientes y se viste ...

B

♣ Combina una descripción de tu rutina y la de tu pareja. Añade comentarios.

Ejemplo Me levanto a las seis y media pero mi pareja se levanta a las siete. Soy el más madrugador.

se despierta	he / she wakes up	se acuesta	he / she goes to bed
se levanta	he / she gets up	se divierte	he / she enjoys him / herself
se ducha / se baña	he / she has a shower / has a bath	se va	he / she goes
		se queda	he / she stays
se lava los dientes	he / she brushes his / her teeth	se relaja	he / she relaxes
se viste	he / she gets dressed	se organiza	he / she organises / tidies
se pone el uniforme	he / she puts on his / her uniform	vuelve	he / she returns

4.8 ♣ ¿Qué haces el fin de semana? 4.9 Táctica: lengua

5 Raúl – un 'crack' del fútbol español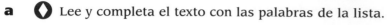

a Lee y completa el texto con las palabras de la lista.

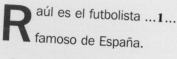

Raúl es el futbolista ...1... famoso de España.

...2... en Madrid y tiene una rutina interesante. Es madrugador – Raúl ...3... a las seis y media. Se arregla y se viste para ir al estadio. Por la mañana tiene que entrenar con los otros miembros del equipo. A las dos se ducha, se viste y ...4... a casa a las tres donde come y se relaja con su familia.

Por la tarde su rutina cambia de día en día. Hace entrevistas en la radio o la ...5..., hace

sesiones de ...6... o se va a fiestas. Sin embargo, también tiene que hacer cosas normales – va de compras, ...7... el coche, etc. Por la noche Raúl suele ir al gimnasio y ...8... a las once. Los domingos son diferentes porque normalmente tiene partidos de la liga y los miembros del equipo ...9... temprano y se van al estadio. ...10... el partido a las tres y luego vuelven a casa.

lava	Vive	se acuesta	se levanta	se levantan	Juegan	vuelve	fotos	más	tele

b Contesta en español a las siguientes preguntas sobre el texto.

1 ¿Dónde vive Raúl?
2 ¿A qué hora se levanta?
3 ¿Adónde va por la mañana?
4 ¿A qué hora vuelve a casa?

5 ¿Qué cosas normales tiene que hacer?
6 ¿A qué hora se acuesta?
7 ¿Por qué son diferentes los domingos?
8 ¿A qué hora juegan los partidos normalmente?

6 Una rutina famosa o familiar

Escribe una descripción de la rutina de un miembro de tu familia o inventa una descripción de una persona famosa. página 57

Escribe una descripción con información adicional sobre la comida y el tiempo libre.

Ejemplo

Desayuna a las siete y come cereales, ...

Le chifla el deporte y practica mucho el footing ...

4.12 Práctica: lengua

7 Mensajes en el contestador

a Escucha los mensajes y haz corresponder la persona con el problema.

Ejemplo **1 B**.

b Escucha otra vez y apunta información adicional sobre cada mensaje.

1	Enrique	A	Organiza una excursión pero un amigo hace excusas.
2	Lucía	B	Se divierte pero está estresado por su situación financiera.
3	Carlos	C	Llama a su madre porque quiere salir con su amiga.
4	Pedro	D	Tiene problemas con su familia.
5	Miriam	E	Se aburre y quiere ir de compras con una amiga.

8 ¿Qué opinas tú?

Contesta a las siguientes preguntas sobre Enrique, Lucía, Carlos, Pedro y Miriam. Explica por qué.

En tu opinión,

1 ¿Enrique se organiza bien?

2 ¿Lucía se lleva muy bien con Ana?

3 ¿Carlos se lleva bien con sus padres?

4 ¿Pedro y Juan se llevan bien?

5 ¿Miriam se organiza bien?

9 Mensajes de texto de amigos

Haz corresponder los mensajes de texto con los dibujos.

Ejemplo **1 b**.

1 ¡Hola! Estoy en Barcelona. Ayer visité la catedral, un parque y el centro. Compré una camiseta. Luis

2 Hola. Ayer me aburrí mucho. No salí. Escribí una carta, tomé mucho café y comí demasiado chocolate. Ana

3 Hola. Ayer no compré mucho; sólo unos zapatos y una falda. ¿Qué compraste tú? Arancha

4 Hola. ¿Saliste anoche? Yo sí. Salí con José y Miguel. Bailé mucho y conocí a unas chicas inglesas. Llegué a casa a las dos. Carlos

5 Hola Mónica. ¿Llegaste a Londres? Ayer salí con tu padre. Visité a tu abuela y compré leche para el gato. Escribe pronto. Tu mamá

a

b

c

d

e

10 ¿Qué hiciste ayer?

Escribe un mensaje de texto a un(a) amigo/a. Describe lo que hiciste ayer. Inventa el mensaje si quieres o incluso escribe un mensaje de texto ridículo.

Ejemplo Hola. Ayer cogí el avión y visité al presidente de España. Tomé mucho café y bailé flamenco. ¿Tú saliste?

Memoriza tu mensaje de texto y cuéntalo a tu pareja. Tu pareja traduce el mensaje al inglés.

  4.10 Unos mensajes

	-ar levantar(**se**)	-er poner(**se**)	-ir aburrir(**se**)	****** despertar(**se**)
yo	**me** levanto	**me** pongo*	**me** aburro	**me** desp**ie**rto**
tú	**te** levantas	**te** pones	**te** aburres	**te** desp**ie**rtas**
él, ella, usted	**se** levanta	**se** pone	**se** aburre	**se** desp**ie**rta**
nosotros/as	**nos** levantamos	**nos** ponemos	**nos** aburrimos	**nos** despertamos
vosotros/as	**os** levantáis	**os** ponéis	**os** aburrís	**os** despertáis
ellos/as, ustedes	**se** levantan	**se** ponen	**se** aburren	**se** desp**ie**rtan**

* irregular   ** Other verbs like this   **e > ie**: di**v**ertir(se): me di**v**ierto

e > i: **v**estir(se): me **v**isto

o > ue: ac**o**star(se): me ac**ue**sto

Me desp**ie**rto a las siete.   *I wake (myself) up at 7 o'clock.*
¿A qué hora **te** levant**as**?   *What time **do you get** (yourself) up?*

Generally reflexive verbs discuss what you do to yourself, e.g Me levanto *I get (myself) up*
Can you spot the difference in meaning between the following two phrases:

Me lavo   *I wash (myself)*
Lavo los platos   *I wash the dishes* (does not need **me**, as you are not doing this to yourself)

1 Place *me* in front of the underlined verbs where it is needed.

E.g. **Me** despierto.

1 <u>despierto</u> a las siete, 2 <u>levanto</u> y 3 <u>ducho</u> en el cuarto de baño. 4 <u>desayuno</u> en la cocina y 5 <u>veo</u> la tele hasta las ocho. 6 <u>lavo</u> los dientes, 7 <u>pongo</u> el plumífero.

2 Ana works nights. Fill in the gaps with *me*, *te* or *se*.

MILA: ¿A qué hora ...**1**... acuestas, Ana?

ANA: ...**2**... acuesto a las diez de la mañana.

MILA: Y ¿cuándo ...**3**... despiertas?

ANA: ...**4**... despierto a las cinco de la tarde.

MILA: ¿Tu marido trabaja en la farmacia también?

ANA: Sí, pero de día. Yo ...**5**... voy al trabajo cuando él vuelve a casa.

MILA: Y él ...**6**... acuesta cuando tú ...**7**... vas a la farmacia.

ANA: ¡Sí, precisamente! ¡No nos vemos nunca!

3 Complete the texts with the correct reflexive pronoun and verb ending.

E.g. **1 me** levant**o**, **se** levant**a**.

me	te	se
nos	os	se

1 Yo __ levant_ a las siete, pero mi hermana menor __ levant_ a las nueve y media.

2 Normalmente mis padres __ acuest__ a las doce pero nosotros __ acost____ más temprano.

3 Es diferente en España – los alumnos aquí no __ pon__ uniforme para ir al instituto.

4 Los domingos yo y mis amigos __ levant____ temprano para jugar al fútbol pero mi hermano __ qued_ en la cama hasta las doce.

5 ¿Vosotros __ qued___ en la playa todo el día?

4 Teresa is talking to Michael about the family. Put the verbs in brackets into the correct form.

LO NEGATIVO
Yo no (despertarse) temprano,
Tú (acostarse) a la una,
Isabel también (acostarse) tarde,
Y el bebé (aburrirse) en la cuna.

LO POSITIVO
Gary e Isabel (divertirse) mucho,
Y nosotros (llevarse) bien,
Tomás y Maite (llevarse) bien,
¡Todos vivimos a cien!

Paella valenciana

(para 4 personas)

INGREDIENTES

1 cebolla cortada en trocitos
700 gramos de pollo en trozos
100 gramos de gambas
50 gramos de guisantes
1/2 pimiento cortado en trocitos
350 gramos de arroz
700 centilitros de agua caliente
un poco de sal
un poco de pimienta
un poco de azafrán
una hoja de laurel

MÉTODO

1 Calentar el aceite en una paellera grande.
2 Freír en la paellera los trozos de pollo y la cebolla con sal durante 12 minutos.
3 Añadir los guisantes, el arroz y el agua caliente.
4 Después añadir las gambas, el pimiento, la pimienta, el azafrán, y el laurel.
5 Bajar el fuego.
6 Dejar cocer durante 20–30 minutos (añadir agua y sal si se necesita).
7 Servir en la paellera.

1 True or false?

1 En una paella para cuatro personas hay mucha sal.
2 Hay agua fría.
3 Hay cincuenta gramos de guisantes.
4 Hay cuatrocientos gramos de pollo.
5 Hay mariscos.

2 The English summary of the recipe above does not give the instructions in the correct order. Match the Spanish instructions **1–7** with **a–g** below.

E.g. **1 e.**

a Fry the chicken and onion.
b Add the peas, rice and the hot water.
c Lower the heat.
d Cook and add the water and salt if necessary.
e Heat the oil.
f Serve up in the paella pan.
g Add the prawns, pepper, saffron and laurel.

3 ♣ Give full details of the recipe in English. Add to your answers in activity 2.

E.g. **1** Heat the oil in a big paella pan.

3-4 ¡Repaso!

1 ¿Vegetariano?

◇ Categoriza las siguientes palabras.

Vegetariano	No vegetariano

ensalada	jamón
tortilla	queso
gambas	pollo
pescado	manzana
calamares	plátanos

2 Mi desayuno

◇ Escucha. Copia y completa el cuadro. ¿A qué hora desayunan y qué toman?

	¿A qué hora?	¿Qué toma?
1 Pilar		
2 Paulino		
3 Carmen		
4 Tomás		

3 Así es la vida

a Haz corresponder las preguntas y las respuestas.

1 ¿A qué hora te levantas?
2 ¿Te duchas?
3 ¿Desayunas?
4 ¿Qué te pones?
5 ¿A qué hora te vas al instituto?
6 ¿Te aburres en el instituto?
7 ¿Te organizas bien?
8 ¿Cómo te relajas?
9 ¿Te llevas bien con tus profesores?
10 ¿A qué hora te acuestas?

a Depende de la clase, pero en general sí.
b No, me divierto mucho.
c Mis vaqueros, un jersey y mi gorra.
d No, siempre me olvido de cosas.
e A medianoche.
f Depende, pero suelo tomar un café.
g Normalmente a las siete y media.
h Me voy a las ocho.
i No, me baño.
j Me quedo delante de la televisión.

b Con tu pareja, practica las preguntas **1–10** de la actividad 3a y contesta en español para ti.

4 ¿Y tú?

Escribe una descripción de tu vida diaria. Menciona:

● Tu rutina (me levanto, me visto, etc.).
● La comida (desayuno, etc. + opiniones).
● Una comparación entre tu rutina y la rutina en España u otro país hispanohablante.

5 Las fiestas

a ◇ Escucha las descripciones de diferentes fiestas. ¿Qué se menciona?
Pon ✓ si se menciona, y ✗ si no se menciona.

	Cuándo se celebra	Dónde se celebra	La comida	La bebida	Opinión	La rutina
El Año Nuevo						
El Día de los Muertos						
San Fermín						

b ⊕ Escucha otra vez e identifica toda la información posible sobre estas tres fiestas.

6 ♣ Mi rutina navideña 🔔

a Lee el texto y rellena los espacios en blanco.

Normalmente en Navidades, la rutina en España es muy diferente. Por ejemplo, la noche del 24 de diciembre, voy a casa de mis abuelos donde toda mi familia se reúne y **1** . Suele ser una cena deliciosa con mucho marisco, jamón, vino y dulces. Vamos a misa a **2** . Me acuesto muy tarde, a las dos o las tres, que no me gusta nada – no soy trasnochador porque me gusta levantarme temprano. El 25 de diciembre **3** tarde, **4** y me pongo ropa formal para ir a la iglesia. A las tres comemos y nos quedamos en casa hasta las seis. Luego nos vamos a casa de mis tíos. Nos divertimos juntos y **5** a casa a las once. **6** a medianoche. Sin embargo, el día más importante para los españoles es el 6 de enero. Los niños españoles se acuestan la noche del día 5 de enero y cuando se levantan, abren los regalos traídos por los Reyes Magos – Papá Noel es menos popular en España.

7 y toda la familia sa va a la procesión tradicional.

Carlos

me levanto
cenamos
volvemos
Se divierten mucho
medianoche
me ducho
Me acuesto

b Lee el texto otra vez. ¿Verdad (V) o mentira (M)? Corrige las frases mentirosas.

Ejemplo **1 M** (la rutina es muy diferente).

1 Durante las fiestas navideñas la rutina de los españoles no es diferente de la normal.

2 La noche del 24 de diciembre la familia de Carlos se va a la casa de sus tíos.

3 Si es posible Carlos no se acuesta tarde.

4 Carlos se aburre en casa de sus tíos el día 25.

5 El día 25 de diciembre no es tan importante en España como en Gran Bretaña.

6 Papá Noel es más popular que los Reyes Magos en España.

7 Nuestros platos nacionales 🔔 ✏️

♣ Lee estas dos descripciones de platos típicos de España. Luego, escribe una descripción de dos platos famosos en Gran Bretaña, por ejemplo el curry.

La paella

Es el plato más famoso de España y se come mucho en la región de Valencia. Como ingredientes tiene arroz, marisco, pollo, azafrán y sal. No me gusta porque soy alérgico al marisco y no me gusta mucho el arroz.

El gazpacho

El gazpacho es un tipo de sopa que se sirve fría. Como ingredientes tiene tomate, pepino, aceite de oliva, vinagre, pan y pimiento. A mí me chifla. Soy vegetariano y el gazpacho no tiene carne.

5A ¿Cómo prefieres viajar?

You will learn:
- to talk about means of transport
- to say how you prefer to travel and to ask others what they prefer

Los abuelos, Tomás y Maite van de vacaciones a Tarragona, donde los abuelos tienen un piso.

1 Para ir a Tarragona ...

Completa las frases **1–3** con las palabras correctas.

1 Ir en moto es ... y ...
2 Viajar en tren es ... y ... pero no es ...
3 Ir en globo es ... y ... , pero no es ...

práctico	lento
rápido	fácil
divertido	emocionante
relajado	cómodo

2 Repaso ¿Qué opinas?

a Busca los contrarios con tu pareja: ¡tienes dos minutos!

b ¿Qué opinas tú de: **a** ir en tren **b** viajar en globo **c** ir en moto?

Ejemplo **a** Ir en tren es cómodo pero aburrido y caro.

aburrido	lento	limpio
cómodo	tranquilo	rápido
ruidoso	incómodo	barato
sucio	caro	divertido

3 El transporte

Divide los medios de transporte en tres grupos. Utiliza un diccionario, si es necesario.

por vía terrestre   *por vía marítima*   *por vía aérea*

1 en autobús	**6** en aerodeslizador	**11** en moto
2 en barco	**7** en bici(cleta)	**12** en autocar
3 en globo	**8** en avión	**13** en ferry
4 en coche	**9** en vespino	**14** en taxi
5 en tren	**10** en metro	**15** a pie

4 ¿Cómo y por qué?

a Escucha las conversaciones **a–d**. ¿Cómo prefieren viajar? Completa
con dos tipos de transporte: utiliza los números **1–15** de arriba.

Ejemplo **a** 7 + ?

a Para ir al centro …   **c** Para ir al instituto …
b Para ir a la discoteca …   **d** Para viajar al extranjero …

b Apunta también por qué.

Ejemplo **a** 7 + ?, barato.

5 ¿Y tú?

Túrnate con tu pareja. Utiliza las preguntas **a–d** en la actividad 4, y contesta.

Ejemplo

A

Para ir al centro, ¿cómo prefieres ir?

B

Prefiero ir en autobús.

¿Por qué?

Porque es rápido y fácil. ¿Y tú?

Prefiero ir a pie, ¡porque es más barato!

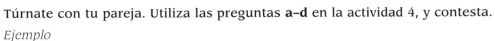

¿Cómo prefieres viajar?				
Para ir	al centro a la discoteca al instituto al extranjero	prefiero me gustaría	viajar ir	en aerodeslizador, en autobús, en autocar, en avión, en barco, en bici, en coche, en ferry, en globo, en metro, en moto, en taxi, en tren, en vespino, a pie
porque es	más menos			aburrido, barato, caro, cómodo, divertido, emocionante, fácil, incómodo, lento, limpio, rápido, relajado, ruidoso, sucio, tranquilo.

5.1 Los medios de transporte   5.2 Encuesta: las vacaciones

6 El vespino

**Lee la entrevista con Julio y las frases 1–7 de abajo.
Elige la respuesta correcta.**

Ejemplo **1 C**.

Entrevista con Julio

A los jóvenes españoles les encanta ir en moto o en vespino.

– Julio, ¿qué es un *vespino*, exactamente?

– *Es una motocicleta italiana.*

– ¿Por qué es tan popular?

– *Porque es más barata que muchos modelos españoles. Pero no es tan potente.*

– ¿Cuántos años tienes que tener para conducir una moto?

– *Catorce años.*

– ¿Adónde vas tú en moto?

– *Voy a todas partes. Al centro comercial, a la discoteca, al campo, al instituto …*

– ¿Al instituto?

– *Sí. Muchos van en moto. Por la mañana, se ven muchas motos aparcadas delante de los institutos.*

– ¿Por qué te gusta tu vespino?

– *Es muy práctico, es divertido y es barato – no gasta mucha gasolina.*

– No llevas casco. ¿Por qué no?

– *¡Ah, se me ha olvidado! Gracias – me pongo el casco en seguida.*

– ¿No es obligatorio llevar casco?

– *Sí, es obligatorio pero muchos jóvenes no lo hacen. Son estúpidos. Todas los días, hay accidentes graves.*

– Gracias por la entrevista. ¡Buen viaje! ¡Y ponte el casco!

		A	B	C
1	El vespino es …	una bici	un coche	una moto
2	El vespino viene de …	Francia	Italia	Alemania
3	Lo bueno es que …	es potente	gasta mucha gasolina	no es cara
4	La edad mínima legal es …	14 años	15 años	16 años
5	Muchos jóvenes van en moto …	al campo	al cine	al instituto
6	Le gusta ir en moto porque es …	rápida	práctica	limpia
7	Según Julio, llevar casco …	es obligatorio	no es obligatorio	es estúpido

7 ¿Qué opinas tú?

Escribe una respuesta personal a las preguntas 1–4.

1 ¿Cómo prefieres ir al instituto?
2 ¿Prefieres viajar en tren o en autobús? ¿Por qué?
3 Para ir al extranjero ¿cómo prefieres viajar? ¿Por qué?
4 ¿Te gusta la idea de viajar en globo?

5.3   Poema: ¿Cómo viajar?

5.4 La vuelta a los orígenes

8 Más problemas

a Lee las frases **1–9**. ¿De qué tipo de transporte hablan? Copia y rellena el cuadro con los medios de transporte.

1 Se ve más que en coche, y muchas veces también tiene restaurante. (*Ana*)
2 Para cruzar el mar, me gusta más que el barco o el ferry: **no me mareo** tanto. (*Esteban*)
3 Es una buena manera de hacer ejercicio, pero no es rápido: **se tarda mucho**. (*Marifé*)
4 No me gusta nada – **tengo miedo al agua**. (*Gloria*)
5 Me mareo mucho si tengo que viajar por carretera en este tipo de transporte. (*Bernardo*)
6 Odio viajar en este tipo de transporte. **Tengo miedo a las alturas**. (*Tere*)
7 No se ve mucho, porque es obligatorio llevar casco, y esto reduce el campo visual. (*Raúl*)
8 Usa gasolina y no se puede mover mucho: **tengo claustrofobia** en uno de éstos. (*Luis*)
9 Un día, ¡quiero viajar en *- - - - - - - -*! (*Zohora*)

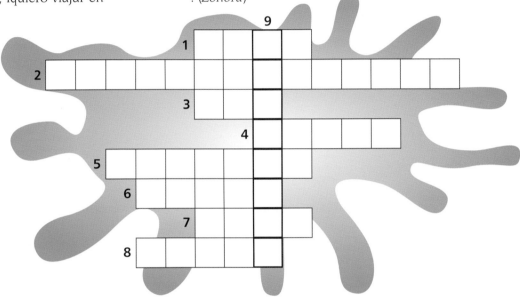

b ¿Cómo se dicen las frases **en negrita** en inglés? Haz una lista.

9 Personalmente

Escucha a las personas **1–6**. Apunta el tipo de transporte que no les gusta y por qué.

Ejemplo **1** coche, autobús – me mareo.

10 De viaje

Elige cuatro o cinco de las expresiones **en negrita** de la actividad 8.
Escribe un párrafo que las incorpora. Adapta las frases de la actividad 8,
si quieres.

Explica …

- cómo te gusta viajar, y por qué.
- qué tipo(s) de transporte no te gusta(n) y por qué.

Ejemplo

Me gusta mucho viajar … porque …
Para ir al extranjero, prefiero viajar … porque …
Un día, quiero viajar … porque …
Odio ir en … : el problema es que …

You will learn:
- to ask about train arrival and departure times
- to ask if you need to change train
- to ask about prices and buy tickets

Gary e Isabel van a Córdoba (y después, a Tarragona). Isabel va directamente a la estación, pero Gary quiere comprar un recuerdo primero.

¡Nos vemos en la estación a las once, Gary!

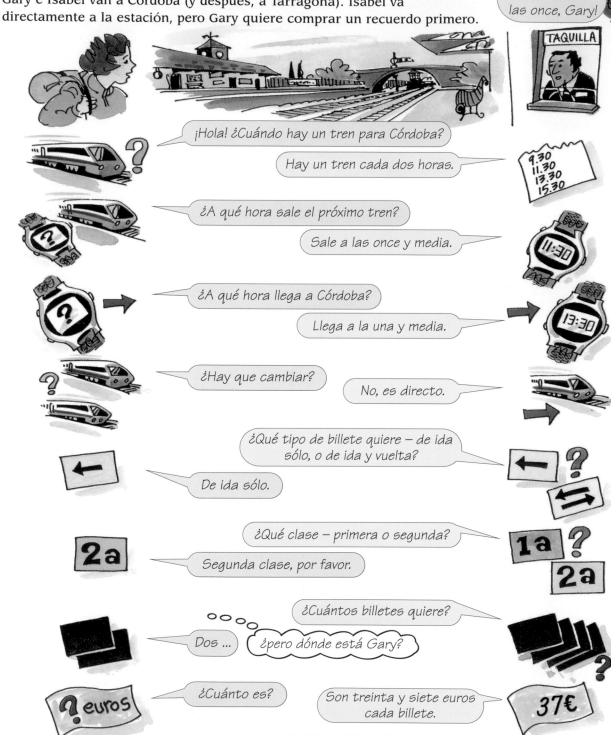

¡Hola! ¿Cuándo hay un tren para Córdoba?

Hay un tren cada dos horas.

9.30
11.30
13.30
15.30

¿A qué hora sale el próximo tren?

Sale a las once y media.

¿A qué hora llega a Córdoba?

Llega a la una y media.

¿Hay que cambiar?

No, es directo.

¿Qué tipo de billete quiere – de ida sólo, o de ida y vuelta?

De ida sólo.

¿Qué clase – primera o segunda?

Segunda clase, por favor.

¿Cuántos billetes quiere?

Dos ...   ¿pero dónde está Gary?

¿Cuánto es?

Son treinta y siete euros cada billete.

Vale, gracias, señor.

El tren está llegando ...

1 En la taquilla

a Lee las frases **1–16**. ¿Quién las dice – el / la cliente (C) o el taquillero (T)?

Ejemplo **1 C**.

1 ¿Cuándo hay un tren para Córdoba?
2 ¿A qué hora sale el próximo tren?
3 ¿A qué hora llega?
4 ¿Hay que cambiar?
5 ¿Qué tipo de billete quiere?
6 ¿Qué clase quiere?
7 ¿Cuántos billetes quiere?
8 ¿Cuánto es?

9 Segunda clase, por favor.
10 Llega a la una y media.
11 De ida sólo.
12 Dos.
13 Son 37 euros cada billete.
14 Hay un tren cada dos horas.
15 No, es directo.
16 Sale a las once y media.

b Empareja correctamente las preguntas **1–8** y las respuestas **9–16**.

Ejemplo **1+14**.

Lee las frases **1–6**: ¿hablan de Gary (G), de Isabel (I) o de los dos (G+I)?

Ejemplo **1 I**.

1 Va directamente a la estación.
2 Va a la estación a las once.
3 Quiere comprar un recuerdo de Sevilla.

4 No está en la estación a las 11.20.
5 Está preocupada.
6 Van a Córdoba, y luego a Tarragona.

2 ¿Van juntos o no?

Escucha las conversaciones **1–10**.
¿Las preguntas y respuestas van juntas (✓) o no (✗)?

Ejemplo **1 ✗**.

¿Hay que cambiar?

3 En grupos de tres

En grupos de tres, haz un juego:

A hace una de las preguntas **1–8** de la actividad 1.

B contesta con una de las respuestas **9–16**.

C dice '¡Van juntos!' o '¡No van juntos!'

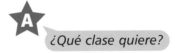

A ¿Qué clase quiere?

B A las once y media.

C ¡No van juntos!

4 Con tu pareja

Practica la conversación de la página 68 entre Isabel y el taquillero.
Cambia los detalles e inventa otra conversación:

– otras ciudades (Málaga, Madrid, Cádiz)
– otras horas (12.15, 1.30, 3.45)
– otro tipo de billete y precio

Haz las preguntas en otro orden – ¡pero un orden lógico!

5.5 En la agencia de viajes   5.6 ¿Para ir a …?

De viaje

5 El horario 🔔 ✏ Ⓓ

◆ Lee la información y mira el horario. Haz las actividades a y b.

Éste es el horario de trenes de la capital Madrid a la ciudad de Medina del Campo. Hay tres estaciones en Madrid: la estación Príncipe Pío, la estación Chamartín, y la estación Atocha. Hay muchos tipos de trenes en España. Tres de ellos son: el **Rápido Talgo**, que es muy rápido y lujoso; el **Estrella**, también rápido, pero más barato; y el **Interurbano**, el equivalente del *Intercity* británico.

MADRID → MEDINA DEL CAMPO → ZAMORA

Km.	Identificación: Origen del tren: Circulación	Interurbano 36121 MADRID P. PÍO DIARIO	Rápido Talgo 151 MADRID P. PÍO DIARIO	Interurbano 3119/36123/36122 MADRID CHAMARTÍN DIARIO	Estrella 851 MADRID P. PÍO DIARIO	Estrella 855 MADRID P. PÍO DIARIO
0	**MADRID-CHAMARTÍN**	9.46				
31	VILLALBA DE GUAD.	10.25		15.09 ❄		
0	**MADRID-P. PÍO**	10.10 ❄				
38	VILLALBA DE GUAD.	10.47	13.30 ❄		22.00 ❄	22.20 ❄
47	EL ESCORIAL	10.57				
84	LAS NAVAS	11.26		VIA SEGOVIA		
121	ÁVILA	11.58	14.48		23.31	23.58
171	ARÉVALO	12.37				
207	**MEDINA DEL CAMPO**	13.10	15.39	18.50	0.35	1.04

❄ Climatización.

a Completa las frases con la palabra correcta.

Diario quiere decir ...**1**...
Km quiere decir ...**2**...
El destino es ...**3**...
Climatización quiere decir ...**4**...
Interurbano, Rápido Talgo y *Estrella* son tipos de ...**5**...
Madrid P. Pío y *Madrid Chamartín* son los nombres de ...**6**...

> tren
> aire acondicionado
> estaciones
> todos los días
> la estación final
> kilómetros

b Contesta a las preguntas en español.

1 ¿A qué hora sale el Rápido Talgo? ¿Sale de la estación Chamartín o P. Pío?
2 Voy de Madrid (P. Pío) a Medina. ¿Es el Interurbano más rápido que el Talgo?
3 Quiero ir en el tren Estrella de Madrid a Ávila. ¿Hay que cambiar?
4 Voy en el Interurbano que sale por la mañana. ¿A qué hora llega a Las Navas?

c 🗨 Inventa un diálogo entre un cliente y el taquillero. Utiliza los detalles de arriba. Practica el diálogo con tu pareja.

¿(Cuándo) Hay un (tren) para ... ?	Sí. Hay un (tren) a las ... / cada hora / cada (dos) horas.
¿A qué hora sale el (próximo) para ... ?	Sale a la una (y cuarto) / a las (tres) (y media).
¿A qué hora llega el (tren) a ... ?	Llega a la una / a las cuatro (menos cuarto).
¿Es directo?	Sí, es directo / No, hay que cambiar en (Burgos).
¿Qué tipo de billete quiere?	Un billete de ida sólo / Un billete de ida y vuelta.
¿Qué clase quiere?	Primera / Segunda clase.
¿Cuánto es?	Son ... euros.

6 Cómo viajar más y pagar menos 📖 🅓

♣ Lee la información de abajo. Utiliza un diccionario, si es necesario.
Recomienda un carnet, tarjeta o día a las personas 1–6.

Ejemplo **1** el Eurail.

RENFE

Días azules: días especiales cuando es más barato viajar en tren. Si viajas con niños menores de 12 años, en un grupo de once personas o más, el descuento varía de un 12% a un 50%.

Tarjeta dorada: para personas mayores de 65 años. Esta tarjeta ofrece varios descuentos en viajes por ferrocarril. Cuesta 10 euros y es válida por un año.

Carnet joven: un carnet para personas de menos de 26 años. Puedes obtener descuentos en viajes, tiendas, restaurantes, etc. Es válido por un año y es gratuito.

Tarjeta RENFE: esta tarjeta ofrece un diez por ciento (10%) de descuento. Es gratuita y válida por un año. No se puede usar en el AVE (Tren de Alta Velocidad).

Eurail: un tipo de billete que te permite viajar dentro de España y en dieciséis otros países de Europa. Hay que comprarlo en Gran Bretaña antes de ir a España y cuesta unas cien libras esterlinas.

RENFE Tarjeta turística: es otro billete como el Eurail pero es sólo válido dentro de España por cierto tiempo – tres días, cinco días o diez días. A veces hay que pagar un suplemento para viajar en los trenes más caros como el Talgo.

1 Vivo en Escocia, pero quiero viajar por Francia, España y Alemania este verano.

2 Voy a Madrid con la familia por dos semanas. Nos gustaría visitar las ciudades de Toledo y Segovia en tren.

3 Mi marido y yo somos pensionistas. Tenemos un piso en el sur de España y pasamos mucho tiempo allí. Nos gusta mucho viajar y hacer turismo.

4 Voy a trabajar en España este año y quiero viajar en las vacaciones. Tengo diecinueve años.

5 Me interesa mucho viajar en tren, en plan turístico. No sé exactamente adónde voy. ¿Qué me recomienda?

6 Voy a pasar una semana en el oeste de España pero quiero pasar dos o tres días visitando Barcelona y la Costa Brava en general.

7 ¿Hay que ...? 🅔

♣ Copia el cuadro de abajo. Escucha las conversaciones 1–5 y rellena el cuadro.

	¿Hay que pagar suplemento?	Detalles personales	Cuándo quiere viajar	Tipo de descuento	Descuento posible
1	sí – 6 euros	pensionista	miércoles	tarjeta dorada	35%
2					

¿Hay que pagar suplemento?	Sí / No. (No) Hay que pagar suplemento (de XX euros).
¿Hay descuento para niños / familias / jóvenes / estudiantes / personas mayores?	No, no hay descuento / Sí, hay descuento …
	Si tiene carnet joven / tarjeta dorada / tarjeta Renfe / tarjeta turística / billete Eurail / Si es un 'día azul'.

5.7 ♣ 🅞 Unas excursiones

Un viaje de mucho estrés

You will learn:
- to say how you normally travel to school
- to discuss other methods of travel
- to explain transport problems

1 ◇ Maite habla con Tomás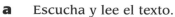

a Escucha y lee el texto.

Para ir al colegio tengo muchas opciones.

Mi primera opción es ir en autobús, pero es lento en la Ciudad de México.

Mi segunda opción es ir en metro pero siempre es incómodo y difícil.

¿Cuál es tu segunda opción?

¿E ir en coche? ¿Es tu tercera opción?

¡Nunca jamás! Un día fui en coche con mi madre. ¡Fue un desastre!

Lleguéal colegio con una hora de retraso por el tráfico.

Mi profesor me castigó una hora después del colegio.

¿Por qué?

¡Vaya!

¡Qué estrés!

b ¿Cuáles son las tres opciones de Maite?

1 Su primera opción es …
2 Su .... opción es …
3 …

2 ¿Cómo se dice en español?

◇ Traduce las frases al español.

Ejemplo **1** el primer autobús.

1 the first bus   **3** the second train   **5** first class
2 the second day   **4** the first train   **6** the fifth option

1st	primero/a/os/as primer (when followed by masculine singular noun)
2nd	segundo/a/os/as
3rd	tercero/a/os/as tercer (when followed by masculine singular noun)
4th	cuarto/a/os/as
5th	quinto/a/os/as

▶▶ AL5

3 ¡Viajes desastrosos!

◇ Escucha las conversaciones 1–5 y rellena el cuadro.

	¿Qué método de transporte?	¿A qué hora llegué?	¿Cuántas horas de retraso?	¿Por qué? ♣
Ejemplo **1**	autobús	a las nueve	una hora	perdí el autobús

4 Vocabulario

Haz corresponder las dos partes de las frases en español con el inglés.

Ejemplo **1 C**.

I missed the first bus, so I caught the second.	**1**	Perdí el primer autobús	**A**	así que bajé en la segunda parada.
There has been an accident so I got off at the second stop.	**2**	Ha habido un accidente	**B**	ir en autobús.
On the train I prefer to travel in first class.	**3**	En el tren prefiero viajar	**C**	así que cogí el segundo.
You have to change line at the fifth stop.	**4**	Hay que cambiar de línea	**D**	cogí el primer tren.
The first option is to go by bus.	**5**	La primera opción es	**E**	en la quinta parada.
Yesterday I got up early and I caught the first train.	**6**	Ayer me levanté temprano y	**F**	en primera clase.

5 Hablando de las opciones

Prepara un diálogo sobre los diferentes métodos de transporte y los problemas.

Ejemplo **1**

> Normalmente para ir al colegio tengo dos opciones. La primera opción es ir en tren y la segunda es ir en bici.

> Ayer fui en tren pero llegué con una hora de retraso.

1　　**2**　　**3**　　**4**

Añade datos sobre por qué hay un retraso.

Ejemplo Ayer fui en tren pero llegué con una hora de retraso porque había mucho tráfico.

Normalmente tengo dos / tres / cuatro opciones para ir al colegio.				
La primera La segunda La tercera La cuarta	opción es	ir viajar		en tren / en autobús / en autocar en coche / en bicicleta / en moto en metro / en ferry / a pie
Ayer llegué al colegio con	quince minutos media hora una hora	de retraso	porque	había mucho tráfico. había un accidente. había problemas técnicos. me levanté tarde.

 5.8 Práctica: lengua　　5.9 De viaje

6 Mónica de vacaciones en Inglaterra

a Escucha y mira los dibujos.

b Empareja las frases y los dibujos. *Ejemplo* **a 5**.

a Estoy comprando recuerdos.
b Estoy visitando Londres.
c Estoy escribiendo un correo electrónico.

d Estoy escuchando música en el tren.
e Estoy comiendo en un restaurante italiano.
f Estoy sacando una foto de un autobús rojo.

7 Mis vacaciones

Completa las frases.

Ejemplo **1** Estoy comiendo una pizza.

1 Estoy _____ (comer) una pizza.
2 Estoy _____ (bailar) en la discoteca.
3 Estoy _____ (beber) agua.
4 Estoy _____ (nadar) en la piscina.
5 Estoy _____ (jugar) el fútbol.

Describe las fotos.

Ejemplo **1** Estoy visitando París y estoy sacando fotos de la torre Eiffel.

How to say what is happening *now*		
	-ar	**-er, -ir**
Estoy ...	-ando	-iendo
(*I am ...*)		
E.g. hablar – estoy habl**ando** *I am speak**ing***		

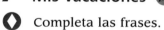 **Gramática 20, AL5**

1

2

3

4

5.10 La postal de Nuria

8 Mamá, estoy viajando por México

	Fichero ➡ Nuevo ⬅ Imprimir Instrumentos

Hola, Mamá.

¿Qué tal? Ahora estoy pasando una semana en México y estoy visitando el centro de la capital. Estoy escribiendo este correo electrónico mientras como un bocadillo en un café de Internet enfrente de una de las mayores estaciones de autobuses de la ciudad. Es muy popular viajar en autobús aquí. No se viaja mucho en tren. Por eso, hay mucho tráfico y ruido, pero es normal para una gran ciudad. También hay muchos 'peseros' que son un tipo de autobús pequeño. El problema es que los peseros son muy populares y siempre llevan demasiada gente.

El lunes visité el Zócalo que es una gran plaza en el centro histórico de la capital. Viajé en metro pero no me gustó nada. No me gustó el calor, hay demasiada gente y hay muchos robos en el metro. En mi opinión es mucho mejor viajar en autobús o incluso a pie en la Ciudad de México.

Mañana quiero salir de la capital. Estoy pensando en ir a visitar la costa en 'camión'. Mamá, no estoy loco – en México un camión es un autocar. ¡No es como en España!

¿Dónde estás, Mamá? ¿Estás trabajando? Escríbeme un correo electrónico cuando puedas. No sé qué hora es en España. Hay un retraso de seis horas, creo.

Hasta luego,

Antonio

a ◆ Busca el español.

1 I am visiting
2 I am writing
3 (On Monday) I visited
4 I travelled (by underground)
5 It is much better ...
6 (Tomorrow) I want to leave...
7 I am thinking of (going to visit)
8 Are you working?

b ♣ Busca ejemplos en el texto de verbos en las siguientes categorías.

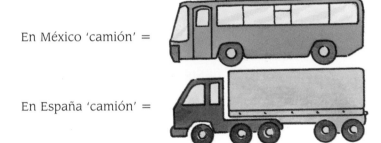

En México 'camión' =

En España 'camión' =

	Present	Present continuous	Preterite (past)
Ejemplo	como	estoy pasando	visité

9 ¿Estás trabajando?

Completa las frases con la palabra correcta de la lista.

Ejemplo **1** turismo.

1 Antonio está haciendo un poco de _____ en la capital de México.
2 Antonio está _____ un correo electrónico desde una cafetería.
3 El método de transporte más popular de la capital de México es el _____.
4 A Antonio no le gustó el _____ de la Ciudad de México por varias razones.
5 En el metro de la capital mexicana hay problemas de _____.
6 En México un autocar se llama un _____.
7 La _____ en España es diferente de la de México.

autobús   crimen   camión   metro   escribiendo   hora   turismo

 5.11 ◆ ♣ Práctica: lengua

10 Preguntas ✎

♣ Contesta a las siguientes preguntas en español. Escribe tus respuestas.

1 ¿En tu opinión, cuál es el método de transporte más popular donde vives?
2 ¿Hay problemas de tráfico y ruido donde vives?
3 ¿Te gusta viajar en metro? ¿Por qué?
4 ¿Cómo prefieres viajar grandes distancias? ¿Por qué?

	Masc. singular	Fem. singular	Masc. plural	Fem. plural
1st	primero / primer (when followed by masc. singular noun)	primera	primeros	primeras
2nd	segundo	segunda	segundos	segundas
3rd	tercero / tercer (when followed by masc. singular noun)	tercera	terceros	terceras
4th	cuarto	cuarta	cuartos	cuartas
5th	quinto	quinta	quintos	quintas
6th	sexto	sexta	sextos	sextas
7th	séptimo	séptima	séptimos	séptimas
8th	octavo	octava	octavos	octavas
9th	noveno	novena	novenos	novenas
10th	décimo	décima	décimos	décimas

- Ordinal numbers (first, second, third, etc.) in Spanish are adjectives and have to agree with the noun they are describing, i.e. masculine (singular or plural) and feminine (singular or plural).

Important

When talking about dates you use the cardinal number, i.e. **el dos de febrero** (<u>not</u> el segundo de febrero). The <u>only</u> exception is the 1st for which you use **primero**, e.g. **el primero de febrero**.

1 Write the following dates in Spanish.

   1 4th April   **2** 1st May   **3** 12th January   **4** 23rd July   **5** 30th October

2 Select the correct spelling for the ordinal (masculine or feminine) in these sentences.

   1 Jorge vive en el (quinto / quinta) piso.
   2 Antonia vive en la (tercero / tercera) casa a la izquierda.
   3 No me gustan los (primeros / primeras) episodios de *Star Wars*.

   4 El programa sale en la (segundo / segunda) cadena.
   5 Mi colegio es el (segundo / segunda) más grande de España.

Read the text and fill the gaps with ordinal numbers from the box.

Hola. Estoy en Barcelona, la **1** _segunda_ ciudad de España, con mi madre. Es mi ____**2**____ visita a España y es la ____**3**____ visita de mi madre. Mi madre visita España mucho. Mi habitación en el hotel está en el ____**4**____ piso. Me gusta mucho. En las ____**5**____ horas aquí visitamos la catedral y el centro. El ____**6**____ día yo y mi madre fuimos a la playa. Me gusta mucho nadar.

segundo	primera	primeras
	octava	séptimo

Preterite tense (revision)

	-ar	-er	-ir
	visitar (*to visit*)	perder (*to miss*)	salir (*to go out*)
(yo)	visité	perdí	salí
(tú)	visitaste	perdiste	saliste
(él, ella, usted)	visitó	perdió	salió
(nosotros/as)	visitamos	perdimos	salimos
(vosotros/as)	visitasteis	perdisteis	salisteis
(ellos/as, ustedes)	visitaron	perdieron	salieron

- The preterite tense indicates what happened in the past, i.e. what you did. To form this past tense you remove the -**ar**, -**er** or -**ir** from the infinitive and add the correct endings for the person or group of people carrying out the action.

3 ◆ Verbs in the preterite tense. Copy and complete the grid below.

	Infinitivo	Infinitive	Pasado	Past
1	pasar	to spend (time)	pasé	I spent …
2	nadar	to swim	_____	he / she swam
3	visitar	to visit	_____	we visited
4	tomar	to take	_____	they took
5	escribir	to write	_____	you (plural) wrote
6	comer	to eat	_____	you (singular) ate
7	aprender	to learn	_____	they learnt

♣ Complete the text by adding the correct endings to the verbs in brackets.

Ejemplo **1** visitamos.

El fin de semana pasado yo y dos amigos, Mónica y Carlos, __**1**__ (visitar) Madrid. Nosotros __**2**__ (ver) varios monumentos y __**3**__ (comer) en muchos restaurantes diferentes. Mis amigos __**4**__ (comer) mucha carne. Yo no __**5**__ (comer) carne porque soy vegetariano. También Mónica, Carlos y yo __**6**__ (salir) mucho al cine y __**7**__ (ver) unas buenas películas. La quinta noche Mónica y Carlos __**8**__ (salir) a una discoteca pero yo __**9**__ (volver) al hotel. No me gusta bailar.

● *The present continuous*

The present continuous is used in Spanish to say what you are doing now.

Estoy escuchando música.   *I am listening to music.*

There are two parts to the present continuous. The first part is saying, 'I am .... / You are ...', etc.

I am	estoy
you are	estás
he, she is, you are (polite)	está
we are	estamos
you are	estáis
they are, you are (polite)	están

The second part indicates what you are **doing**, e.g. listen**ing**, read**ing**, watch**ing**, etc.

To create this in Spanish you take the ending off the infinitive and add:

-ar	-er	-ir
-ando	-iendo	-iendo

E.g. escuchar   escuchando *(listening)*

comer   comiendo *(eating)*

4 ◆ Match up the pictures with the sentences.

  a Estamos escuchando música.
  b Jaime está bailando.
  c Están jugando al baloncesto.
  d Están bailando.
  e Está escuchando música.
  f Estoy jugando al baloncesto.

♣ Complete the sentences in the present continuous.

E.g. **1** María y yo **estamos estudiando**.

1 María y yo _____ (estudiar).   *María and I are studying.*
2 ¿_____? (escuchar).   *Are you listening?*
3 El autobús _____ (llegar).   *The bus is arriving.*
4 _____ (escribir) postales.   *They are writing postcards.*
5 _____ (volver) a casa.   *I am returning home.*
6 Mis padres _____ (trabajar).   *My parents are working.*

   1   **2**   **3**   **4**   **5**   **6**

6 Las vacaciones

6A ¿Adónde fuiste?

You will learn:
- to say where you went, when and how
- to say whom you went with and for how long

> ¡Kiko! ¿Adónde fuiste de vacaciones?

> A España. Fui a Tarragona, en el noreste.

> ¿Cuándo fuiste?

> ¿Cuánto tiempo fuiste?

> Tarragona 15 días

> Fui en marzo.

> Quince días.

> ¿Con quién fuiste?

> ¿Cómo fuiste?

> ¿Y tú? ¿Fuiste de vacaciones?

> Fui solo.

> Fui en avión.

> No. Me quedé en casa con mi novia.

1 Kiko Cuervo

Reemplaza los números **1–5** con la palabra correcta.

Ejemplo **1** Adónde.

¿…**1**… fuiste de vacaciones?
¿Con …**2**… fuiste?
¿…**3**… fuiste – ¿en avión?
¿…**4**… tiempo fuiste?
¿…**5**… fuiste – en febrero?

Cómo	Cuándo
Adónde	Cuánto
quién	

Táctica: Accents

Question words carry an accent:

¿**Có**mo te llamas?

¿**Cuá**ntos años tienes?

2 ¿Cuándo, cuánto tiempo, con quién?

Empareja las preguntas y sus respuestas posibles. ¡Tienes cinco minutos!

Ejemplo **1 d**, …

1 ¿Cuándo fuiste?
a Fui con amigos.
b Quince días.
c Con la amiga de mi familia.

2 ¿Cuánto tiempo fuiste?
d Fui en verano.
e Con mis padres.
f Fui cinco días.

3 ¿Con quién fuiste?
g Una semana.
h Fui con mi familia.
i Fui en agosto.

3 Los países

a Empareja los países **1–12** y las banderas **a–l**.

Ejemplo **1 c**.

¿Son miembros de la Unión Europea o no?

Ejemplo **1 c, sí**.

1 Gran Bretaña
2 Suiza
3 Los Estados Unidos
4 Irlanda
5 Grecia
6 Las Islas Canarias
7 Francia
8 Suecia
9 Holanda
10 Italia
11 Noruega
12 Portugal

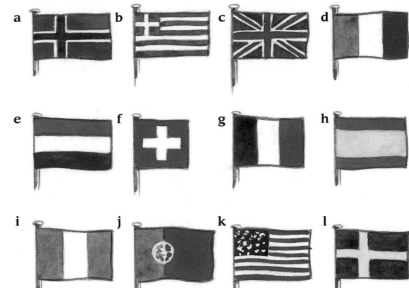

b Escucha la conversación entre Idaira e Isabel. Verifica tus respuestas.

Ejemplo **1 c ✔**.

4 Las vacaciones de Idaira

Escucha la conversación. Apunta la respuesta correcta de Idaira.

Ejemplo **1 B**.

	A	B	C
1 ¿Adónde fuiste?	fui a Italia	fui a Portugal	fui a los Estados Unidos
2 ¿Cuándo fuiste?	fui en julio	fui en otoño	fui el año pasado
3 ¿Cuánto tiempo fuiste?	un mes	cinco días	quince días
4 ¿Cómo fuiste?	fui en avión	fui en coche	fui en tren
5 ¿Con quién fuiste?	con un amigo	con mi familia	fui sola

5 ¡El juego de las preguntas!

Trabaja con un grupo de tres (o más) amigos.

En secreto, *A* escribe cinco frases sobre sus vacaciones: contesta a las preguntas **1–5** de la actividad 4.

 A utiliza las frases de la actividad 4. *B* y *C* tienen 10 preguntas.

A inventa las cinco frases. *B* y *C* tienen 20 preguntas.

Ejemplo

Fui a (Italia)
Fui (el año pasado)
• Fui (un mes)
Fui (en tren)
Fui (solo/a)

B ¿Fuiste a Italia? **A** ¡Sí! **C** ¿Fuiste una semana?

6.1 Las banderas   6.2 Tus vacaciones   6.3   Unas vacaciones

6 ¡Poemas!

a ◆ Copia los poemas y rellena los espacios en blanco. Utiliza *con*, *en*, *a*.

Fui ...**1**... Grecia – ¡estupendo!
Fui ...**2**... avión – ¡qué susto!
Fui cinco días – ¡tremendo!
Fui ...**3**... mi familia – ¡qué disgusto!

Fui ...**4**... Portugal el año pasado
Fui tres semanas – ¡qué pesado!
Fui ...**5**... tren – ¡qué aburrido!
Fui ...**6**... mis amigos – ¡qué divertido!

b Lee las expresiones en los cuadros.
Busca las expresiones que riman.
Ejemplo ¡Fenomenal! / ¡Fatal!

c Escribe tu propio poema. Utiliza los poemas de arriba como modelo.

😊	😞
¡Fenomenal!	¡Qué susto!
¡Qué ilusión!	¡Fatal!
¡Qué divertido!	¡Qué decepción!
¡Estupendo!	¡Qué aburrido!
¡Tremendo!	¡Qué disgusto!

7 Las vacaciones de Isabel

a ◆ Lee la descripción. Cópiala y reemplaza los dibujos por las palabras apropiadas.

b Lee las frases 1–6: ¿Verdad (V) o mentira (M)?
Ejemplo **1 V.**

1 Isabel fue a Italia.

2 El padre de Isabel fue también.

3 Isabel fue en avión.

4 Fue también en coche.

5 Fue cinco días en total.

6 Fue el mes de agosto.

8 Con tu pareja

◆ Describe tus vacaciones: ¡verdaderas o imaginarias! Utiliza la carta de Isabel como modelo.

¿Adónde fuiste de vacaciones?	Me quedé en casa.
	Fui a España, a los Estados Unidos, a las Islas Canarias.
¿Cuándo fuiste?	Fui el año pasado, en (verano), en (febrero).
¿Cómo fuiste?	Fui en (avión).
¿Con quién fuiste?	Fui con mi novio/a, con mi familia, con mis amigos, solo/a.
¿Cuánto tiempo fuiste?	Fui una semana, quince días, un mes.

9 Tarragona

a ☘ **Los abuelos hablan de las vacaciones a su vecina joven, Mireia. Escucha y lee.**

MIREIA: ¿Qué tal las vacaciones?

ABUELA: ¡Estupendas! Fuimos todos a Tarragona.

ABUELO: Sí, toda la familia: mi hija Teresa, su marido Michael y nuestros nietos Maite, Tomás, Ana, Isabel y su amigo inglés, Gary.

MIREIA: ¿Fuisteis a las fiestas también?

ABUELA: ¿A Carnaval? Sí, fuimos todos.

MIREIA: Tarragona es muy histórica. ¿Fuisteis al Museo Diocesano?

ABUELO: Nosotros sí. Pero los jóvenes, no. No les interesa visitar museos. Pero fuimos todos a la catedral.

ABUELA: Otro día, nosotros fuimos al puerto y al centro comercial, pero los jóvenes fueron de paseo en bici por la costa.

b Completa las frases **1–6** con *los jóvenes*, *los abuelos* o *todos*.

1 ___ fueron a la <u>catedral</u>.
2 ___ no fueron al <u>Museo Diocesano</u>.
3 ___ fueron de <u>tiendas</u> un día.
4 ___ fueron al <u>puerto</u>.
5 ___ fueron a <u>Carnaval</u>.
6 ___ fueron <u>en bici por la costa</u>.

c (**Repaso**) Lee los extractos del folleto: ¿se mencionan las cosas <u>subrayadas</u>? (frases **1–6**)? Escribe *sí* o *no*.

d Lee la conversación otra vez. Completa el cuadro con las partes correctas del verbo.

	Ir	*to go*
yo	fui	*I went*
tú	fuiste	*you went*
él, ella, usted	fue	*he, she went, you (formal) went*
nosotros/as	?	*we went*
vosotros/as	?	*you went*
ellos/as, ustedes	?	*they went, you (formal) went*

 Gramática 31

*L*os alrededores de esta ciudad brindan al excursionista la posibilidad de visitar monumentos de belleza constatada. El Puente del Diablo o la Cantera del Médol son paseos cortos ideales para realizar andando o en bicicleta.

*L*as fiestas de Tarragona se inician en enero con 'Tres Tombs', una exhibición de caballos y carruajes. El Carnaval da paso a la Semana Santa, manifestación religiosa de gran solemnidad, cuya procesión del Viernes Santo, está catalogada como una de las más importantes de España.

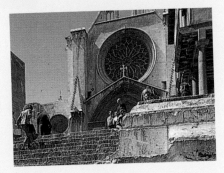

*P*ara tener una visión correcta de la historia de la ciudad, conviene conocer el Museo Arqueológico Nacional, como también es conveniente visitar el Pretorio Romano, el Paleocristiano y el Diocesano, finalizando con el Museo de Arte Moderno y la Casa-Museo Castellarnau.

¿Qué tal el viaje?

You will learn:
- to describe a journey
- to say what you did when you got there

Gary cuenta los detalles de su viaje a Tarragona a los abuelos.

1 Salí en tren – en el AVE – a la una y media.

2 En el tren, escribí unas postales y leí una revista.

3 Comí un pastel y bebí una Coca-Cola. Me aburrí un poco.

4 En Córdoba, di una vuelta por la ciudad – vi la famosa Mezquita.

5 Cogí el autobús a Tarragona y conocí a unas chicas. ¡Me divertí mucho!

1 El viaje de Sevilla a Tarragona

Rellena los espacios en blanco de las frases de Gary correctamente.

Ejemplo **1** Salí.

…**1**… en el AVE – un tren súper rápido.
…**2**… unas postales.
…**3**… una revista española.
…**4**… un poco.
…**5**… un pastel – ¡qué rico!
…**6**… una Coca-Cola.

…**7**… una vuelta por Córdoba.
…**8**… la Mezquita: es impresionante.
…**9**… el autobús a Tarragona.
…**10**… a unas chicas.
…**11**… mucho.

| Comí | Leí | Conocí | Salí | Me divertí | Vi | Me aburrí | Bebí | Escribí | Di | Cogí |

2 ¿Es posible o imposible?

a Inventa 10 frases: unas posibles y otras imposibles.

Ejemplo **Salí a las ocho. Comí el tren.**

◆ Utiliza el cuadro de abajo.

♣ Utiliza otras expresiones que conoces.

b Cambia listas con tu pareja: ¡busca las frases imposibles!

Ejemplo **Comí el tren – ¡imposible!**

salí		el tren	una postal
comí		un paseo	mi novio
bebí		el autobús	un perrito caliente
leí	(en)	un tebeo	un chico español
conocí	(por)	la ciudad	una naranjada
escribí	(con)	un poco	un café con leche
di una vuelta	(a)	un libro	el centro
vi		las ocho	una hamburguesa
cogí		una carta	un grupo de jóvenes
me aburrí		mi amiga	el avión
me divertí		mucho	por la mañana

Táctica: The personal 'a'

Conocí la ciudad.
Conocí **a** un chico.

Vi el tren AVE.
Vi **a** mi amiga.

3 El juego de la cadena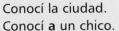

Túrnate con tu pareja. *A*: di una frase. *B*: añade algo posible. Utiliza los verbos de arriba.

◆ Utiliza el cuadro de arriba.　　　　♣ Añade otras expresiones que conoces.

A *Salí a las ocho.* **B**

Salí a las ocho en tren.

Salí a las ocho en tren. Bebí una naranjada.

A *Salí el sábado a las diez.* **B**

Salí el sábado a las diez. Bebí un té con limón.

Salí el sábado a las diez. Bebí un té con limón y un agua mineral con gas.

4 Inma, Toni y Concha en Gran Bretaña

◆ Apunta el número de dos dibujos para cada persona.

Ejemplo **Inma 2 + ?**

1 　　2 　　3 　　4 　　5 　　6

♣ Apunta sus respuestas a las preguntas.

Ejemplo **Inma: comí una pizza …**

1 ¿Qué comiste?　　**2** ¿Qué bebiste?　　**3** ¿Conociste a algún chico o chica?

5 Nieves visita a su amigo en Londres

Mira los dibujos de Nieves y
pon las frases en el orden correcto.

Ejemplo **c, ...**

a Di una vuelta por el centro
de Londres.

b Fui a un restaurante con mi
amigo – yo comí una pizza y
él comió una lasaña.

c Cogí el avión desde Bilbao.

d Escribí una postal y bebí
un café en una cafetería.

e Salí al cine con mi amigo:
me aburrí pero él se divirtió
mucho.

f Fui a la casa de mi amigo
en Londres.

1 lunes
2 martes
3 miércoles
4 jueves
5 viernes
6 sábado

6 La amiga de Nieves pregunta

a Mira el cuadro y complétalo.

b Rellena las preguntas 1–9 de la amiga de Nieves con
el verbo correcto.

Ejemplo **1 Cogiste.**

¿...**1**... el barco o el avión?

¿...**2**... a un hotel?

¿...**3**... una vuelta por Londres?

¿Qué ...**4**... en el restaurante? Y ¿qué ...**5**... tu
amigo inglés?

¿ Al cine te...**6**...? Y tu amigo, ¿se...**7**...?

¿...**8**... a muchos ingleses?

¿...**9**... mucho con tu amigo inglés?

yo	tú
cogí	cogiste
salí	saliste
conoc_	conoc _ _ _ _
le_	le _ _ _ _
escrib_	escrib _ _ _ _
com_	com _ _ _ _
beb_	beb _ _ _ _
me aburr_	te aburr _ _ _ _
me divert_	te divert _ _ _ _

comiste	Saliste	Diste	divirtió
aburriste	Fuiste	comió	Conociste	Cogiste

7 Te toca a ti

Inventa un personaje o animal humorístico que quieres ser y describe tu viaje.

¿Qué tal el viaje?	
Salí (a las ocho).	Leí (una revista).
Cogí (el tren).	Di una vuelta por (la ciudad).
Comí (un bocadillo).	Vi (la catedral).
Bebí (una naranjada).	Conocí a un(a) chico/a español(a).
Escribí (una postal).	Me aburrí / Me divertí (mucho) (un poco).

6.4 Una multitud de posibilidades   6.5 De viaje   6.6 Práctica: lengua

8 ¡El viaje horrible!

a ⚜ Lee esta carta de Teresa a su hermana Carmina.

> ¡Hola, Carmina! Estamos aquí en Tarragona, por fin. ¡El viaje fue horrible! Salimos – el bebé y yo – de casa a las nueve. Cogimos un taxi al aeropuerto y allí fuimos directamente a Información. ¡Pero no vimos a Michael! Di una vuelta por las tiendas ... Por fin, subimos en el avión. Y ¿a quién vimos en la cabina? ¡Sí, a Michael, vestido de piloto! Michael fue directamente al avión, y no a Información. ¡Qué despistado es! El avión salió con retraso y el viaje fue pesado. Me aburrí mucho, y la niña también. Leímos cuentos y yo escribí una carta a una amiga. Aquí en Tarragona está bien. Mañana vamos al Carnaval. ¿Y vosotros? ¿Os divertisteis el fin de semana en Portugal? Lisboa es muy bonita. ¿Viste la catedral? Y tú y Omar – ¿bebisteis el vino típico de allí, el oporto? ¡A que sí! Abrazos muy fuertes, Teresa

b Lee las frases 1–6: ¿verdad (V), mentira (M) o no se sabe(?)?

1 Teresa y su hija salieron a las nueve.
2 Cogieron un autobús al aeropuerto.
3 Teresa vio a Michael en el aeropuerto.
4 La niña se aburrió mucho en el avión.
5 Teresa va al Carnaval con la familia.
6 Carmina y su familia se divirtieron mucho en Portugal.

c Rellena los espacios en blanco en el cuadro. Busca las partes del verbo en la carta y en las frases 1–6.

	-er / -ir
(yo)	salí
(tú)	saliste
(él, ella, usted)	sali_
(nosotros/as)	sal_ _ _ _
(vosotros/as)	salisteis
(ellos/as, ustedes)	sal_ _ _ _ _

⏩ **Gramática 30**

9 El puzzle

⚜ Completa con los verbos y escríbelos en el lugar correcto del puzzle.

Ejemplo Yo **salí**.

Yo ____ de casa a las nueve.

¿Y tú? ¿____ la catedral en Lisboa?

Nosotros ____ cuentos en el avión.

Yo ____ una carta a mi amiga.

Yo ____ una vuelta por las tiendas.

No me divertí en el avión. Yo ____ ____.

¿Os ____ mucho en Portugal?

¿____ vosotros el vino típico de allí?

El viaje de Teresa fue un *_____*

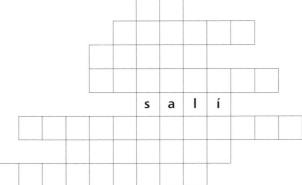

⬜ 6.7 ⚜ Práctica: lengua   ⬜ 6.8 ¿Qué tal lo pasaste?   ⬜ 6.9 El intercambio

6C ¿Qué tal lo pasaron?

You will learn:
- to ask others details about their holiday
- to describe other people's holidays
- to say where you would like to go on holiday and why

1 Las vacaciones de Maite en Buenos Aires

¿Dónde pasó Maite sus vacaciones?

Fue a Buenos Aires en Argentina.

¿Con quién fue?

Fue con su madre y una amiga.

¿Cuánto tiempo pasaron allí?

Creo que pasaron dos semanas allí.

¿Cómo viajaron?

Viajaron en avión. ¡Hubo un retraso de cinco horas!

¿Dónde se alojaron?

Se alojaron en un hotel en el centro. Hubo mucho ruido del tráfico.

¿Y qué hizo Maite durante su visita?

Pues, visitó los monumentos y conoció a un chico argentino. Se llama Alfredo.

a Escucha y lee el texto.

b Empareja las dos partes de cada frase.

Ejemplo **1 d**.

1 Maite pasó sus vacaciones		**a**	su madre y una amiga.
2 Maite fue con		**b**	a un chico argentino.
3 Pasaron		**c**	en un hotel en el centro.
4 Viajaron en		**d**	en la capital de Argentina.
5 Hubo un retraso		**e**	dos semanas allí.
6 Se alojaron		**f**	monumentos.
7 Visitó		**g**	de cinco horas.
8 Maite conoció		**h**	avión.

c Empareja las expresiones del texto con las siguientes expresiones inglesas.

Ejemplo **a** ¿Con quién fue?

a Who did she go with?
b Where did they stay?
c Where did she spend her holiday?
d What did she do?
e How much time did they spend there?
f How did they travel?

2 Con tu pareja

Prepara conversaciones sobre las vacaciones de estas personas.

Ejemplo

A ¿Adónde fue Pablo?

Pablo

B Pablo fue a España.

A ¿Con quién fue?

B Fue con su familia.

A ¿Cómo fueron?

B Fueron en avión.

A ¿Cuánto tiempo pasaron allí?

B Pasaron dos semanas allí.

A ¿Qué hizo Pablo?

B Visitó la catedral.

1 María — Londres
a b c d e

2 Mónica — Disneylandia
a b c d e

3 Carlos
a b c d e

4 José — París
a b c d e

¿Qué hizo?	¿Qué hicieron?
Visitó (la catedral).	Visitaron (la catedral).
Fue (a la playa / al cine).	Fueron (a la playa / al cine).
Dio una vuelta por (la ciudad / las tiendas).	Dieron una vuelta por (la ciudad / las tiendas).
Conoció a (un(a) chico/a).	Conocieron a (un(a) chico/a).
Bailó (en la discoteca).	Bailaron (en la discoteca).

3 Unas vacaciones activas

Fichero ➡	Nuevo ⬅	Imprimir	Instrumentos

¡Hola! ¿Qué tal?

Para mí las vacaciones fueron estupendas. Normalmente, paso mis vacaciones en la costa con mi familia, pero el año pasado, hice algo muy diferente: visité el Amazonas en Brasil.

Fui con dos amigos, Francisca y Javier y pasamos dos semanas allí. Fuimos al aeropuerto de Barajas (Madrid) en coche y luego fuimos a Brasil en avión. El vuelo duró diez horas y fue muy aburrido, pero vi una película que me gustó.

Nos alojamos en tiendas de campaña o en casitas al lado del río. Las vistas del río eran muy bonitas. Vimos muchos animales diferentes – especialmente insectos, pero no vimos serpientes. Comimos platos preparados por el guía. ¡¡¡No hay restaurantes en la selva!!!
En general la comida fue horrible.

Hizo mucho calor y sol, con temperaturas de 45 grados. No me gustó la humedad. Pasamos muchas horas en el barco viajando por el río buscando animales.

Me gustaría volver al Amazonas porque me interesan mucho la naturaleza y los animales. El año próximo voy a visitar otro país, por ejemplo, me gustaría ver las ruinas de los Incas en Perú.

Un abrazo

Jordi

a Lee el correo electrónico de Jordi. ¿Verdad (V), mentira (M), o no se sabe(?)?

Ejemplo **1 V**.

1 Normalmente, Jordi se va de vacaciones con sus padres.
2 El año pasado fue a Sudamérica.
3 Pasaron siete días allí.
4 Visitaron la capital de Brasil.
5 Los animales más numerosos fueron los insectos.
6 Las temperaturas fueron muy bajas.
7 En el futuro, Jordi no quiere volver al Amazonas. No le gustó.

b Completa el resumen. Rellena los espacios en blanco con las palabras apropiadas.
¡No se necesitan todas!

Ejemplo **1** diferentes.

Las vacaciones de Jordi fueron muy …**1**… el año pasado. Con un grupo de …**2**… decidió ir al Amazonas. Se alojaron en tiendas al lado del río y …**3**… su propia comida – todo fue muy básico. No obstante, la experiencia fue increíble – …**4**… todo tipo de animales y el clima …**5**… muy húmedo. Después de esta experiencia, Jordi quiere visitar otro país …**6**… porque le interesa la cultura de los Incas.

visitaron	sudamericano	diferentes	aburridos	amigos	vieron	fue	prepararon

4 ¿Y tú? ¿Adónde fuiste el año pasado?

Túrnate con tu pareja. Contesta a las preguntas de abajo. Inventa las respuestas, si quieres.

- ¿Dónde pasas las vacaciones normalmente?
- ¿Adónde fuiste el año pasado?
- ¿Con quién fuiste?
- ¿Cómo viajasteis?
- ¿Cuánto tiempo pasasteis allí?
- ¿Qué hicisteis?

Añade opiniones y menciona dónde y qué comisteis.

6.10 Táctica: lengua   6.11 La agenda de Joaquín

5 Unas vacaciones estupendas

◆ Escucha y contesta a las siguientes preguntas.

1 ¿Dónde pasa normalmente José sus vacaciones?
  a los Estados Unidos
  b España

2 ¿Dónde pasó las vacaciones este verano?
  a Egipto
  b Grecia

3 ¿Cuánto tiempo pasaron allí?
  a quince días
  b siete días

4 ¿Cómo fueron a Egipto desde España?
  a en barco
  b en avión

5 ¿Cuántas horas duró el vuelo de Bilbao a Luxor?
  a cinco horas
  b cuatro horas

6 ¿Dónde se alojaron?
  a en un hotel al lado del río
  b en un hotel en el centro de Luxor

7 ¿Qué visitaron?
  a la playa
  b templos

8 ¿Qué tiempo hizo?
  a hizo demasiado calor
  b las temperaturas fueron muy bajas

9 ¿Por qué quiere volver a Egipto?
  a le chifla el clima
  b le fascina la cultura

10 ¿De qué dependen sus vacaciones del año próximo?
  a de qué quiere hacer su familia
  b de su dinero

6 Unas vacaciones en el extranjero

◆ Escribe una descripción de unas vacaciones imaginarias del año pasado.

Menciona:

1 Qué país visitaste.
2 Con quién fuiste.
3 Cómo fuiste.
4 Cuánto tiempo fuiste.
5 Si te gustó.
6 Qué hiciste.

♣ También menciona:

7 Qué país te gustaría visitar y por qué.
8 Unas opiniones.

1	El año / verano pasado	fui a / visité	Brasil / los Estados Unidos.
2	Fui	con	mi familia / mis abuelos / mis amigos / solo/a.
3	Cogí Fui / Fuimos / Viajé / Viajamos	el avión / el barco / el autobús en globo / en tren / en coche	porque es más barato / caro / cómodo. El viaje fue (muy) aburrido / emocionante.
4	Fui / Pasé / Pasamos	una semana / un par de semanas / quince días / un mes allí.	
5	Lo pasé Me divertí Me aburrí (No) Me gustó	bomba / fatal. mucho. un montón. el clima / la comida / el paisaje.	¡Qué aburrido! ¡Qué divertido!
6	Vi / Vimos Comí / Comimos Bebí / Bebimos	muchos monumentos / animales. platos tradicionales. vino / cerveza / agua mineral / zumos tropicales.	
	Tomé (el sol), bailé (en la discoteca), saqué (fotos).		
7	Me gustaría El año próximo, voy a	visitar / volver	porque ... me interesa ... / me gusta ...
8	Me encantan Me gusta	las vacaciones activas ir al extranjero	porque soy deportista. porque hace much calor.

- The preterite is used to talk about what you did in the past and refers to single events that were completed.

	bailar	comer	salir	ir
yo	bailé	comí	salí	fui
tú	bailaste	comiste	saliste	fuiste
él, ella, usted	bailó	comió	salió	fue
nosotros/as	bailamos	comimos	salimos	fuimos
vosotros/as	bailasteis	comisteis	salisteis	fuisteis
ellos/as, ustedes	bailaron	comieron	salieron	fueron

Important:

- You will have noticed that the endings for the -er and -ir verbs are exactly the same and only slightly different from the -ar endings. This should make them easier to learn.
- **Ir** (to go) is an irregular verb and does not follow the normal pattern. It must be learnt separately.

Gramática 30, 31

1 Put the verbs in brackets into the correct 1st person *yo* form of the preterite tense to complete Nuria's diary.

E.g. El lunes visit**é** la catedral.

El lunes	(visitar) la catedral
El martes	(bailar) en la discoteca
El miércoles	(cenar) en un restaurante mexicano
El jueves	(ir)* a la playa
El viernes	(leer) un libro
El sábado	(escribir) postales
El domingo	(conocer) a un chico de Nueva York

*irregular

2 Maite is writing her diary. Choose the correct verbs from the brackets.

Martes 8
Hoy, yo (me divertí / te divertiste) mucho. (Cogí / Cogió) el tren con Tomás a Cambrils. (Di / Diste) una vuelta por el pueblo y (comió / comí) en un bar al mediodía. Por la tarde, Tomás (nadé / nadó) en el mar – ¡qué frío en marzo! – y yo (leí / leyó) una revista. Luego, yo (tomé / tomaste) chocolate con churros y Tomás (escribí / escribió) postales a sus amigos en Southport.

3 Select the correct form of the preterite of the verb *ir* (to go) to complete the text.

E.g. **1** fui.

El sábado toda la familia salió. Yo …**1**… al cine con mis amigos. Mi hermana …**2**… a casa de su amiga, Marta. Mi hermano …**3**… a un partido de fútbol. Mis padres …**4**… a casa de mi abuela. ¿Y tú? ¿Adónde …**5**… el sábado? ¿Tú y Juan no …**6**… a la playa?

fue
fueron
fuisteis
fui
fue
fuiste

4 Put the verbs in brackets into the correct form of the preterite tense. Be careful: some verbs are irregular.

E.g. **1** decidimos.

1 Yo y mis amigos (decidir) ir a una fiesta en la playa.

2 Mis padres (salir) con mis tíos.

3 Mi hermano (ir) al cine con su novia.

4 Mis hermanas (ir) a las tiendas en el centro de la ciudad.

5 Mi abuela (cenar) en casa de una amiga.

6 Después de la fiesta, yo y mis amigos (ir) a una discoteca.

7 Yo (volver) a casa muy tarde.

8 Mis padres (volver) a casa a medianoche.

1 ¿Qué hora es?

Match up the times.

Ejemplo **1 f.**

1 las cinco menos diez
2 las ocho y media
3 la una y cuarto
4 las once y veinticinco
5 las cuatro menos cuarto
6 mediodía y media

a las quince cuarenta y cinco
b las veintitrés veinticinco
c las veinte treinta
d las trece quince
e las doce treinta
f las dieciséis cincuenta

Nueva York – una ciudad que habla en español

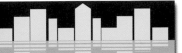

a
La ciudad de Nueva York está situada en la costa este de los Estados Unidos, bañado por el Océano Atlántico. Manhattan es el distrito más importante de los cinco que componen la ciudad.

b
Central Park es el parque más famoso del mundo. Se puede encontrar conciertos al aire libre y espectáculos los domingos y días festivos. Además, el parque tiene zoos, teatros, lagos, pistas de tenis, baloncesto y fútbol.

c
El Empire State es el edificio más famoso y querido de Nueva York. Se inauguró en 1931 y durante 40 años fue el edificio más alto del mundo. ¡Cuidado!, no está abierto al público por la tarde.

d
La Estatua de la Libertad es sin duda el símbolo más famoso de los Estados Unidos. Fue un regalo de Francia a los EE.UU. Se puede visitar en barco.

e
En Nueva York es posible comer y beber a todas horas. Los *delis* donde se sirven el desayuno y el almuerzo para llevar, son muy populares. Por un precio muy económico, se puede elegir entre donuts, pasteles, tartas, pasta, fruta … Además, para beber, tienes muchas posibilidades: el café, el agua, zumos de fruta, cerveza. También hay numerosas hamburgueserías, pizzerías, y restaurantes de todas las nacionalidades: italianos, chinos, españoles, argentinos, mexicanos, etc.

f
En invierno, hace mucho frío, especialmente en enero y febrero cuando las temperaturas llegan hasta los –10º C. En verano, hace mucho calor y la humedad es enorme durante los meses de julio y agosto. La mejor época del año para visitar Nueva York es el otoño, cuando las temperaturas quedan entre los 16ºC y los 20ºC.

g
El inglés es la lengua oficial de los Estados Unidos pero el español es de gran importancia. Se estima que el 10% de la población americana habla español y en Nueva York, grandes proporciones de la población hablan la lengua.

2 Match up each title with the correct paragraph.

E.g. **1 b.**

1 El parque más famoso del mundo
2 ¿Dónde se puede comer y beber?
3 ¿Se habla español?
4 ¿Dónde está Nueva York?

5 Un edificio popular con los turistas
6 Un clima de contrastes
7 Un monumento simbólico de los Estados Unidos

1 ¿Adónde fuiste de vacaciones el año pasado?

a Escucha las conversaciones 1–5. Para cada uno, elige el dibujo correcto.

Ejemplo **1 e**.

a   b   c   d   e

b Escucha otra vez. ¿La opinión de cada persona es positiva (✓) o negativa (✗)?

2 Las vacaciones de Carlos en Barcelona

El primer día, fuimos a la playa. Pasamos muchas horas nadando y jugando al voleibol y por la tarde fuimos a dar un paseo por el centro de Barcelona. Es una ciudad muy bonita.

El segundo día, yo y mi hermano decidimos ir a visitar el Camp Nou, el estadio de fútbol de Barcelona. Tiene un museo interesante.

El tercer día, mi madre y yo visitamos todo Barcelona en el autobús turístico. Así vimos todos los monumentos más importantes de la ciudad. Además, fue mucho más cómodo que visitar todo a pie.

El cuarto día, mi hermano y mi madre fueron a ver la catedral de la Sagrada Familia. Yo di un paseo por las tiendas en el centro de la ciudad y por la Rambla, la avenida más famosa de Barcelona.

El quinto día, fuimos todos a Port Aventura que es un parque de atracciones bastante cerca de Barcelona. Fuimos en tren y pasamos todo el día allí. ¡Fue muy divertido!

El sexto día, fuimos al acuario. Es el más grande de Europa. Me gustaron mucho las pirañas y los pingüinos. Luego, fuimos al cine IMAX, pero la película que vimos fue un poco aburrida.

El séptimo y el último día, fuimos al museo de Catalunya, cerca del puerto. A mí me gustó pero a mi hermano no. Luego, comimos en un restaurante italiano en la Rambla.

Lee el texto. ¿A qué día corresponde cada dibujo?

Ejemplo **1** día 4.

1   2   3   4   5   6

3 Mis vacaciones

Escribe una descripción de unas vacaciones similares a las de Carlos.

4 El transporte

Escucha e identifica el transporte utilizado por cada persona y su opinión.
Escribe ✓ si tiene una opinión positiva, y ✗ si tiene una opinión negativa.

Elena					
Toño					
Arancha					
Jordi					
Carlos					

5 ♣ Unas vacaciones desastrosas

¡Hola, Maite! ¿Qué tal?

Mis vacaciones en Pamplona fueron desastrosas. Fui con mi amigo Eduardo y fuimos en tren desde Madrid. Fue el tren más lento del mundo y el viaje tardó siete horas. Llegamos a Pamplona a las cuatro de la mañana. La estación de trenes de Pamplona está lejos del centro y no había autobuses al centro hasta las siete. ¡Pasamos tres horas en la estación! ¡Qué aburrido!

Nos alojamos en un hotel en el centro. El problema es que fue muy ruidoso por la noche y era imposible dormir. ¡Qué desastre! Además el hotel fue muy caro – 60 euros por noche.

Visitamos la catedral y los museos de Pamplona. También comimos en muchos restaurantes, pero como soy vegetariano, fue difícil encontrar platos sin carne.

Los problemas durante nuestra visita no fueron muy serios y me lo pasé muy bien en Pamplona. Eduardo siempre es muy alegre y optimista.

Me gustaría volver a Pamplona un día porque quiero ir a ver las montañas (los Pirineos) y es una ambición ir a los Sanfermines, la fiesta más famosa de España que se celebra en Pamplona cada año en julio.

Óscar

a Lee la carta. ¿Óscar menciona los temas 1–6?

Ejemplo **1** sí.

1 la comida
2 el transporte
3 un accidente
4 el futuro y sus intenciones
5 con quién viajó
6 la ropa

b Lee la carta otra vez. ¿Verdad (V) o mentira (M)?

1 El viaje desde Madrid a Pamplona fue muy rápido.
2 La estación de trenes de Pamplona está en el centro de la ciudad.
3 El hotel de los chicos fue muy barato.
4 No es fácil ser vegetariano en Pamplona.
5 A Óscar no le gustaron sus vacaciones en Pamplona.
6 Los Sanfermines son unas montañas cerca de Pamplona.

6 Problemas durante mis vacaciones

♣ Escribe una descripción de unas vacaciones llenas de problemas. Invéntalos. Incluye:

- El transporte y un retraso.
- Opiniones sobre el hotel.
- Problemas con la comida y la bebida
- Relaciones con otras personas durante las vacaciones.
- Ideas para el futuro.

7 Las fiestas

7A ¿Qué fiestas celebras?

You will learn:
● to talk about the special occasions you celebrate

Barcelona, el 21 de diciembre.

¡Dígame!

¿Maite? Soy Andrés.

¿Estás libre el 24 de diciembre?

El 24 ... Ah, lo siento, es Nochebuena. La celebro con mis abuelos.

Bueno, pues, ¿quieres salir el 25?

Pero, el 25 es el día de Navidad y lo celebro con mi familia.

Bueno ... ¿Estás libre el 1 o el 6 de enero?

Pero, el 1 es el Año Nuevo y el 6 es el día de Reyes – lo celebro con mis amigos.

¿Y mañana? ¿Quieres ir al cine?

... Mañana ... es el 22 de diciembre ... sí, vale. Pues ... hasta mañana.

Oye, Maite, mañana es el día de mi santo ¿sabes? Vamos al restaurante.

1 ¿Cuándo es?

a Completa la lista del abuelo con las fiestas correctas.

b Trabaja con tu pareja.

A

¿Cuándo es el día de Navidad?

B

Es el ...

DICIEMBRE
22 ... el día de San Demetrio
24
25
ENERO
1
6

2 Lo siento ...

Rellena los espacios en blanco en la nota de Maite.

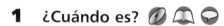

siento   Voy   Es   Estoy   puedo

Barcelona, el 22 de diciembre
¡Hola Andrés!
No ...**1**... ir al cine hoy. ...**2**... al restaurante con Tomás y los abuelos. ...**3**... el día del santo del abuelo. Lo ...**4**... mucho. ...**5**... libre el 7 de enero.
Maite

3 Hoy es mi santo

a Escucha y rellena los espacios en blanco con la fecha correcta.

Ejemplo **1 c**.

Pablo:
> El día de mi santo es ...1...

Mercedes:
> El día de mi santo es ...2...

Reyes:
> Mi santo es ...3... claro.

José Luis:
> El día de mi santo es ...4...

Juan:
> Mi santo es ...5...

Pilar:
> Mi santo es ...6...

Enero

Sem.	Lunes	Martes	Miércoles	Jueves	Viernes	Sábado	Domingo
1			1 Sta. María Madre de Dios	2 Stos. Basilio y Gregorio	3 S. Daniel	4 S. Rigoberto	5 S. Telesforo
2 Nueva 9	6 Epifanía del Señor	7 S. Raimundo de Peñafort	8 S. Severino	9 S. Marcelino	10 S. Nicanor	11 S. Higinio	12 S. Arcadio
3 Crec. 15	13 S. Hilario	14 S. Malaquías	15 S. Macario	16 Sta. Estefanía	17 S. Antonio Abad	18 Sta. Faustina	19 S. Mario

a el 19 de marzo   **c** el 29 de junio   **e** el 24 de junio
b el 6 de enero   **d** el 12 de octubre   **f** el 24 de septiembre

b Escucha otra vez. Apunta la estación.

> en la primavera   en el verano   en el otoño   en el invierno

4 ¿Qué fiestas celebras?

a Haz una encuesta en la clase.

Ejemplo
> ¿Qué fiestas celebras?
> Celebro mi cumpleaños.
> Celebro el Año Nuevo.
> No celebro el día de Navidad.

la Nochebuena
el día de Navidad
el Año Nuevo ✔ ✗
el día de Reyes
el día de mi santo
mi cumpleaños ✔

b ¿Qué fiesta es más / menos popular?

5 ¿Con quién las celebras?

Y tú, ¿con quién las celebras? Mira la actividad 4 y elige cuatro fiestas.
Prepara una frase para cada una.

Ejemplo Celebro mi cumpleaños con mis padres.

Celebro ...	con mi madre.
	con mi padre.
	con mi familia.
	con mis amigos.
	con mis abuelos.

7.1 ¿Qué fiesta prefieres?

7.2a/b El Santoral 1–2

6 El calendario de fiestas

a Utiliza un diccionario. Pon las fiestas 1–4 en orden según el calendario.

En España hay muchas fiestas.

1 Las Fallas de Valencia en marzo: las fiestas de San José son de origen medieval. Hay una procesión con estatuas gigantescas.

2 La fiesta de la Virgen del Pilar en Zaragoza. Es el 12 de octubre, que es el día Nacional también.

3 Los Sanfermines: las fiestas de San Fermín son del 7 al 14 de julio, en Pamplona. Los toros van corriendo por las calles de la ciudad.

4 Las ferias de Sevilla en abril: la mujer lleva el traje típico – un vestido largo de lunares en colores vivos, y el hombre lleva una chaqueta negra, camisa blanca y pantalón ajustado.

b ¿Qué fiestas recomiendas a estos turistas?

a Estoy libre en verano. Me gustan los deportes peligrosos.

b Me interesa la historia. Prefiero la primavera.

c Me encantan los trajes regionales.

d Me interesa la cultura. Estoy libre en otoño.

7 Y tú, ¿qué fiestas celebras?

¿Qué fiestas prefieres?

¿Qué fiestas celebras y cuándo son? ¿Con quién las celebras?

Escribe una postal a Maite.

> ¡Hola Maite!,
> Celebro ...

♣ ¿Qué haces normalmente?
Añade otros detalles.

		las Navidades.
		el día de Navidad.
		la Nochebuena.
¿Qué fiestas celebras?	Celebro	el Año Nuevo.
¿Qué fiestas prefieres?	Prefiero	la fiesta de …
		el día Nacional de …
		mi cumpleaños.
¿Cuándo es?	Es	el (veinte de octubre).
		en (invierno).
♣ Me levanto		a las seis / a las siete / a las ocho.
(No) Como		en la cantina / en casa / un bocadillo.
(No) Salgo		con mis amigos / padres / abuelos.
(No) Voy		al colegio / a la piscina / a la iglesia / al cine.

8 ¿Qué es exactamente?

a Un amigo de Pilar, Mohammed, le ha enviado una postal. Escribe las palabras que no concoces. Utiliza un diccionario y apréndelas de memoria.

Hola Pilar,

¿Qué tal? Como soy musulmán, no celebro las Navidades. Pero con mi familia celebramos otras fiestas. Por ejemplo, hay el Eid-ul-Fitr que es una fiesta religiosa en la que celebramos el fin del Ramadán. En el Ramadán, no comemos y no bebemos durante el día. A fines del mes, vamos a la mezquita y después preparamos una comida de familia con música y fuegos artificiales.

En otoño celebramos la fiesta de Milad-un-Nabi – es una fiesta en la que celebramos el nacimiento y la muerte de Mahoma.

b Rellena los espacios en blanco en la respuesta de Pilar.

¡Hola, Mohammed!

Son las Navidades y te explico un poco cómo son aquí en España. El 24 de diciembre, es ...**1**... en la que celebramos el ...**2**... de Cristo. Muchos ...**3**... van a la ...**4**... para la Misa del Gallo. El 25, que es el día de ...**5**..., la celebramos en ...**6**... con una comida especial. El 31 de ...**7**... es Nochevieja – La ...**8**... en casa o en un restaurante. A medianoche escuchamos las doce campanadas del ...**9**... Nuevo y comemos doce uvas. Es una fiesta nacional para celebrar el ...**10**... del Año Nuevo. Yo ...**11**... el día de ...**12**... – la noche del 5 al 6 de ...**13**..., cuando los Reyes Magos traen los regalos.

Pilar

diciembre
enero
celebramos
católicos
Reyes
prefiero
Navidad
Nochebuena
iglesia
Año
casa
nacimiento
principio

c Lee las definiciones y busca las fiestas correspondientes.

1 Una fiesta cristiana en la que celebramos el nacimiento de Cristo.

2 Una fiesta musulmana en la que celebramos el fin del Ramadán.

3 Una fiesta cristiana en la que celebramos la llegada de los Reyes Magos.

9 Una fiesta ...

Describe una fiesta que conoces. Utiliza el vocabulario de abajo.

¿Qué es ... exactamente?	Es una fiesta	religiosa cultural familiar nacional musical	en la que celebramos	el nacimiento de ... la muerte de ... la independencia de ... el principio de ... el final de ...

 7.3 La carta de Parvathi　　 7.4 Las Navidades　　 7.7 Las fiestas típicas

You will learn:
● to explain what you used to do when you were younger
Grammar: the imperfect tense

Cuando yo era joven, salía al campo con mis amigos. ¡No me quedaba en casa!

Es verdad. No había ordenadores.

Iba mucho al cine. Era una gran ocasión cuando era joven.

Sí, no había televisión.

Abuelo, ¿dónde vivías cuando eras más joven?

Vivía en un pueblo pequeño en el monte.

No salía a fiestas y llevaba más ropa.

También la familia cenaba junta más a menudo. Mi madre preparaba una comida familiar.

Sí, y los domingos invitaba a los tíos, los abuelos, los hermanos – la familia entera. Era una comida enorme.

Cuando yo era más joven, la vida era más difícil.

1 Cuando yo era joven …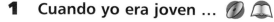

a Escucha y lee el texto.

b Haz corresponder cada frase con el dibujo apropiado.
Ejemplo **1 d**.

1 No había ordenadores.

2 Salía al campo.

3 La familia cenaba más junto.

4 Iba mucho al cine.

5 Llevaba más ropa.

a

b

c

d

e

2 Me gustaba hacer eso

◆ Escucha las conversaciones y pon los dibujos en el orden correcto.

Ejemplo **d**, …

a

b

c

d

e

3 Navidad en el pasado

◆ Lee y escucha. Elige la forma correcta del verbo.

Ejemplo celebraba, …

¿Cómo celebrabas la Navidad cuando eras más joven?

Yo la (celebraba / celebrabas) con mi familia. El día 24, iba a la Misa del Gallo en la iglesia con mis padres y siempre (llevaba / llevabas) mi ropa más elegante. Y tú, ¿qué (hacía / hacías) en Navidad?

En mi familia, mi madre (preparaba / preparabas) una comida enorme – yo (comía / comías) y bebía mucho.

¿Qué (hacía / hacías) con los amigos?

El día de Navidad yo no (hacía / hacías) nada con los amigos, pero en Nochevieja, (salía / salías) con ellos.

The Imperfect tense

	-ar (celebrar)	-er (comer)	-ir (salir)
yo	celebr**aba**	com**ía**	sal**ía**
tú	celebr**abas**	com**ías**	sal**ías**
él, ella, usted	celebr**aba**	com**ía**	sal**ía**

▶▶ Gramática 32

4 ¿Qué hacías cuando tenías ocho años?

◆ Imagina que tienes ochenta años. Describe que hacías el día de tu cumpleaños cuando tenías ocho años. Utiliza el vocabulario de abajo.

Me levantaba	a las seis / a las siete.	(No) Comía	en un restaurante. un comida especial. mucha tarta.
Celebraba con Visitaba	la familia / los padres / los amigos.		
(No) Iba	a la iglesia / a misa / a la mezquita. al cine / a un parque de atracciones.	(No) Había	televisión / radio. teléfono móvil / Internet. DVDs / ordenadores.
Viajaba	a pie / en coche / en tren.		
(No) Salía con	mis amigos / mis padres.		

 7.5 ♣ Unas invitaciones   7.6 ◆♣ ¿Cómo es y cómo era?

5 Las fiestas del pueblo en el pasado

¿Cómo eran las fiestas del pueblo en el pasado?

Cuando yo era más joven, bailaba mucho durante las fiestas del pueblo.

Sí, y el baile empezaba a las seis de la tarde, no a la una como ahora.

Y cada año llevaba mi ropa nueva – los estilos más modernos.

Vuestro abuelo siempre bailaba conmigo.

Y nuestro grupo de amigos organizaba cenas. Eran muy populares.

Mi madre preparaba una comida enorme.

Sí, era una comida familiar. Invitaba a la familia entera – los abuelos, los tíos, los primos.

Y creo que el aspecto religioso era más importante en el pasado.

Sí, la iglesia siempre lo celebraba con procesiones.

Sí, y yo iba a misa con mis padres. Era mucho más importante en el pasado.

Las mayores diferencias son que en el pasado la familia y la religión estaban más presentes que ahora en las fiestas.

a Escucha y lee el texto.

b Rellena los espacios en blanco de las frases **1–7** con las palabras correctas del cuadro.

Ejemplo **1** Cuando yo era **más joven**.

1 Cuando yo era _____ .

2 El baile empezaba _____ .

3 Llevaba _____ .

4 Nuestro grupo de amigos organizaba _____ .

5 Mi madre preparaba _____ .

6 La iglesia celebraba con _____ .

7 Yo iba a misa _____ .

> a las seis
> cenas
> más joven
> procesiones
> con mis padres
> mi ropa nueva
> una comida familiar

c ¿Quién es? Lee las frases y decide quién es: ¿el abuelo, la abuela o la familia?

Ejemplo **1** la abuela.

1 En la fiesta del pueblo le gustaba bailar.
2 Llevaba su ropa más moderna.
3 Celebraba con una comida.
4 Iba a la iglesia.

6 España: un país de fiestas

☘ José, un mexicano, habla de las fiestas de España. Lee y completa el resumen del texto.

Ejemplo: **1** vivía.

Soy José. Cuando vivía en España celebraba muchas de las fiestas españolas. Muchas son similares a las que tenemos en México, pero también hay otras que son diferentes o más populares en España.

Por ejemplo, iba a la feria de abril en Sevilla. Se organizaban bailes por las calles y procesiones de diferentes tipos con figuras bíblicas. También, seis niños de la catedral bailaban una danza especial y era muy popular con los sevillanos y los turistas.

Otra fiesta española que me gustaba era las Fallas de Valencia el 19 de marzo, donde hacían figuras de cartón que representaban a personas famosas o históricas.

Los valencianos tiraban petardos por las calles y por las noches iban a ver los fuegos artificiales. Al final de la fiesta quemaban las figuras.

Muchas de las fiestas que visitaba eran en principio religiosas, pero eran muy populares con toda la familia y especialmente los jóvenes.

José …**1**… en España cuando …**2**… más joven. Le gustaban las …**3**… de España e …**4**… a la feria de abril en Sevilla. Durante la fiesta se organizaban …**5**… y bailes por las calles. También en marzo, José …**6**… Valencia para las Fallas. Durante esta fiesta, los valencianos …**7**… grandes figuras de personajes famosos que …**8**… . A José le …**9**… mucho las fiestas y, en su opinión, las fiestas de España …**10**… populares con personas de todas las edades.

gustaban	visitaba	vivía	procesiones	quemaban
hacían	iba	era	eran	fiestas

Gustar in the imperfect	
Me gustaba (singular)	Me gustaban (plural)

▶▶ Gramática 24

7 El día de los inocentes

Soy Marco y para mí, el día de los inocentes era el peor día del año. Es el 28 de diciembre y es el equivalente en España del 1º de abril en algunos otros países – es cuando hacemos bromas a otras personas.

Cuando yo era pequeño, siempre era la víctima de las bromas de mis hermanos mayores. Por ejemplo, me levantaba y mi ropa no estaba en mi dormitorio. ¡Mis hermanos me la robaban! Cuando desayunaba, mis hermanos siempre ponían sal en mi café en vez de azúcar y cambiaban la hora del reloj – así llegábamos con retraso al colegio. Además, me pegaban un muñeco de papel en la espalda, que es la tradición aquí en España.

En el colegio mis hermanos tiraban huevos, pero los profesores siempre les castigaban y llamaban a mis padres por teléfono. Ahora todo va mucho mejor entre yo y mis hermanos pero tengo malas memorias de aquellos días cuando no me gustaba nada ser el hermano menor de la familia.

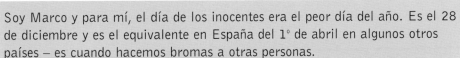

☘ ¿Verdad (V) o mentira (M)?

Ejemplo **1 M**.

1 El día de los inocentes era el día favorito de Marco.
2 El 28 de diciembre es una fiesta religiosa.
3 Marco es mayor que sus hermanos.
4 A Marco le gustaba el azúcar en su café.
5 Sus hermanos causaban problemas en el colegio.
6 Ahora las relaciones entre Marco y sus hermanos son buenas.

8 Una fiesta desastrosa

☘ Escribe un artículo para una revista. Describe una fiesta que no te gustaba cuando eras menor.

Ejemplo

Cuando era pequeño/a no me gustaba mucho Halloween …

7C ¿Cómo se celebra una fiesta?

You will learn:
- to explain how you celebrate a festival
- to explain what we used to do

1 Maite y Tomás hablan de fiestas

¿Qué fiestas se celebran en México?

El 2 de noviembre se celebra el Día de los Muertos.

¿Qué tipo de fiesta es?

Es una fiesta religiosa y familiar en la que se recuerda a las personas muertas.

¿Cómo se celebra?

Se ponen flores y velas en las tumbas en el cementerio.

Y ¿qué fiestas se celebran en España?

Pues, en Sevilla se celebra la Semana Santa. Es una fiesta muy famosa.

¿Qué se hace?

Hay procesiones, se tocan tambores y trompetas y se tiran petardos.

Se sale a la calle, se come, se bebe y se pasa bien.

¡Como en México!

a Escucha y lee el texto.

b ◆ Empareja las frases correctamente.

Ejemplo **1 d**.

1 se celebra	**a** vino
2 se come	**b** a la calle
3 se bebe	**c** bien
4 se sale	**d** la fiesta
5 se ponen	**e** chocolate
6 se toca	**f** música
7 se tiran	**g** flores en la tumba
8 se pasa	**h** petardos

2 ¿Cuál es la fiesta más popular?

Lee y escucha los textos. Rellena el cuadro con los más detalles posibles.

Soy Mónica. En mi opinión, la fiesta más popular de España es la de San Fermín en Pamplona en julio. Es una fiesta religiosa y familiar. Se sale mucho a la calle, se bebe en los bares y se come mucho, pero lo más famoso es que se ve a los toros corriendo por las calles. Es una fiesta que me gusta mucho.

Me llamo Andrés. Pues, para mí la mejor fiesta es la Tomatina que se celebra en Buñol en el este de España. Es muy diferente de todas las otras fiestas de España. Se celebra en agosto y durante dos horas se tiran tomates. ¡Sí! ¡Se tiran tomates! Es una fiesta muy divertida y emocionante.

Soy Miguel. ¿La fiesta más popular de España? Bueno, tiene que ser el carnaval de Gran Canaria en las Islas Canarias. Es una fiesta musical muy famosa en Europa. Se celebra con procesiones, bailes, mucha música y se come y se bebe mucho. No me gusta mucho porque en mi opinión, es demasiado turística. Ahora sólo se hace para los turistas.

Soy Laura y en mi opinión, la Tamborrada es una fiesta muy diferente. Es una fiesta musical que se celebra en San Sebastián en el norte de España en enero. Se tocan tambores durante veinticuatro horas. ¡Sí!, es increíble pero es una tradición histórica.

	Fiesta	Cuándo	Tipo	Actividades	Opinión
Mónica	San Fermín	julio	religiosa y familiar	se sale, se bebe, se come	me gusta mucho
Andrés					
Miguel					
Laura					

3 Las fiestas de Gran Bretaña

a Escribe una descripción de dos fiestas, por ejemplo: la Nochevieja (el 31 de diciembre) y el 1° de abril. Escribe al menos tres frases. Utiliza el vocabulario del cuadro.

Ejemplo

La fiesta se llama 'Bonfire night' y se celebra en noviembre en Gran Bretaña. Es una fiesta tradicional …

b Añade más detalles. ¿Qué diferencias hay entre las fiestas en España y en Gran Bretaña?

Ejemplo

En mi opinión en España se celebran más fiestas que en Gran Bretaña; se va más a la iglesia; …

La fiesta se llama	la Nochevieja / el día de San Patricio.	(No) Se sale	a la iglesia.
Se celebra en	enero / febrero / marzo …	(No) Se va	a la mezquita / al templo.
Es una fiesta	cultural / religiosa / tradicional / nacional / musical / muy diferente.	(No) Se pone(n)	flores / adornos. ropa especial / elegante / de moda.
(No) Se bebe	más / menos / mucho …	(No) Se toca(n)	tambores / la guitarra / trompetas.
(No) Se come	una comida especial / típica. un pudín especial / típico.	(No) Se tira(n)	petardos / tomates.

7.10 La Semana Santa

4 Una fiesta muy mexicana – El Día de los Muertos

Radio Sol entrevista a una mexicana, Margarita, que vivía en México pero que vive ahora en Madrid.

RS:
Margarita, cuando vivías en México, ¿cuál era la fiesta más importante en tu opinión?
Margarita:
Pues, el 2 de noviembre celebrábamos el Día de los Muertos, que es una fiesta muy importante. Es una fiesta religiosa en la que recordábamos a las personas muertas.
RS:
¿Qué hacíais?
Margarita:
Preparábamos un altar y lo adornábamos con flores especiales que se llamaban 'semipixóchitl' y con fotografías de las personas muertas de nuestra familia.

RS:
¿Qué comíais?
Margarita:
Comíamos un pan especial que se llamaba el pan de muertos.
RS:
¿Y qué hacíais después?
Margarita:
Después de comer, tomábamos velas y flores y salíamos a la calle. En la calle comprábamos dulces típicos, calaveras de azúcar o esqueletos en miniatura. Íbamos al cementerio.
RS:
¿Qué hacíais en el cementerio?
Margarita:
En el cementerio, poníamos las velas y las flores en las tumbas. Nos sentábamos y algunas veces tocábamos instrumentos y cantábamos. Esperábamos hasta medianoche y después volvíamos a casa.

a Escucha y lee la entrevista.

b Completa las preguntas de Radio Sol.

Ejemplo **1** ¿Qué fiesta celebr**abais**?

1 ¿Qué fiesta celebr…? (celebrar)
2 ¿Qué prepar…? (preparar)
3 ¿Cómo adorn… el altar? (adornar)
4 ¿Qué pon… en el altar? (poner)
5 ¿Cuándo sa…? (salir)
6 ¿Qué compr…. en la calle? (comprar)
7 ¿Adónde i…? (ir)
8 ¿Qué hac… en el cementerio? (hacer)
9 ¿A qué hora volv… a casa? (volver)

	Vosotros	Nosotros
(-ar)	¿Qué celebr**abais**?	Celebr**ábamos** …
(-er)	¿Qué com**íais**?	Com**íamos** …
	¿Qué pon**íais**?	Pon**íamos** …
(-ir)	¿Cuándo sal**íais**?	Sal**íamos** …
ir *(to go)*	¿Adónde **ibais**?	**Íbamos** …

▶ AL 7

c Escribe las respuestas de Margarita a las preguntas 1–9.

Ejemplo **1** Celebr**ábamos** el Día de los Muertos.

7.8 Práctica: lengua
7.9 Práctica: lengua

5 ¿Cómo celebrabais en familia?

Escribe una descripción de cómo celebrabais una fiesta en familia o con amigos cuando eras más joven.

Ejemplo Cuando era más joven, celebrábamos mi cumpleaños en casa con una pequeña fiesta. Comíamos una tarta especial …

6 Se busca ...

a Mira el dibujo de la fiesta por dos minutos. Intenta memorizar lo más posible.

b Tapa el dibujo y contesta a las preguntas de la policía.

Ejemplo **1** Tres personas bebían.

1 ¿Cuántas personas bebían?

2 ¿Cuántas personas comían hamburguesas?

3 ¿Cuántas personas bailaban?

4 ¿Cuántas personas llevaban sombrero?

5 ¿Quién tocaba la guitarra?

6 ¿Tenía el pelo largo o corto?

7 ¿Quién llevaba gafas de sol?

8 ¿Era alto o bajo?

9 ¿Había animales en la fiesta?

10 ¿Cuántas personas había en la fiesta en total?

c Escucha el reportaje de radio sobre los robos durante la fiesta. ¿Está el sospechoso en el dibujo?

d Identifica información adicional del reportaje de radio.

1 ¿Dónde se celebraba la fiesta?

2 ¿Cuántos años tiene el sospechoso?

3 ¿Qué hacía durante la fiesta?

4 ¿Cuál es el número de teléfono de la policía?

- The imperfect tense is used to talk about what you were doing or what you used to do in the past and refers to events over a period of time.

	-ar	-er	-ir
(yo)	-aba	-ía	-ía
(tú)	-abas	-ías	-ías
(él, ella, usted)	-aba	-ía	-ía
(nosotros/as)	-ábamos	-íamos	-íamos
(vosotros/as)	-abais	-íais	-íais
(ellos/as, ustedes)	-aban	-ían	-ían

	ir (to go)	ser (to be)	ver (to see)
(yo)	iba	era	veía
(tú)	ibas	eras	veías
(él, ella, usted)	iba	era	veía
(nosotros/as)	íbamos	éramos	veíamos
(vosotros/as)	ibais	erais	veíais
(ellos/as, ustedes)	iban	eran	veían

Important:

You will have noticed that once again the endings for regular **-er** and **-ir** verbs are exactly the same. This should make them easier to learn.

- There is an accent on the first i of all of the **-er** and **-ir** verbs. There is only one accent on the **-ar** endings and this is for the first person plural (*nosotros*).

- **Ir, ser** and **ver** are irregular verbs and do not follow the normal pattern. These need to be learnt separately.

1 ◆ Put the verbs in brackets into the correct 1st person *yo* form of the imperfect tense to complete the sentences.

E.g. **1** viv**ía**.

Cuando tenía 8 años …

1 viv__ en Barcelona. (viv**ir**)

2 ten__ un gato. (ten**er**)

3 jug___ con mis amigos en el parque. (jug**ar**)

4 no escuch___ mucha música. (escuch**ar**)

5 le__ muchos libros. (le**er**)

6 com__ mucho chocolate. (com**er**)

7 no beb__ café. (beb**er**)

8 no celebr___ la Nochevieja. (celebr**ar**)

2 ◆ Choose the correct verb from the alternatives in brackets.

– ¿Qué (hacía / hacías) tú los fines de semana en Alicante?

– Por la mañana (salía / salías) con mis amigos a la playa o (estudiaba / estudiabas). A veces (iba / ibas) al cine.

– ¿Qué (hacía / hacías) tu hermano?

– Jaime (jugaba / jugabas) al fútbol en el parque con su equipo. A veces (hacía / hacías) sus deberes.

3 ♣ Select the correct form of the imperfect tense to complete the text.
Be careful: some verbs are irregular.

E.g. **1** levantaba.

Cuando yo era menor la vida era más difícil. Yo me …**1**… (levantar) a las seis de la mañana y …**2**… (preparar) el desayuno. Mi padre …**3**… (trabajar) de noche y …**4**… (volver) a casa cuando yo …**5**… (salir). Yo …**6**… (ir) al colegio a pie y …**7**… (hacer) mis deberes antes de las clases. Después de las clases yo y mis amigos …**8**… (salir) un rato. En casa yo …**9**… (ayudar) a preparar la cena y mis hermanos …**10**… (lavar) los platos. Normalmente yo …**11**… (ir) a la cama a las once.

4 🕐 Andrés is talking about how things were in the past. Match the two parts of each sentence correctly.

E.g. **1 c**.

1 Yo	**a** pasaban sus vacaciones en Mallorca.
2 Mi hermano	**b** íbamos mucho a la playa.
3 Mis abuelos	**c** vivía en Alicante con mi madre.
4 Tú	**d** comíais en la cantina del colegio.
5 Nosotros	**e** salía mucho con sus amigos.
6 Vosotros	**f** llegabas al colegio a tiempo.

● ***Impersonal constructions with* se**

To convey the idea of 'one' or 'we / they' in Spanish, use *se* with the *él / ella / usted* part of the verb in the present tense, as follows:

En México **se** celebra la fiesta del Día de los Muertos.	*In Mexico **they** celebrate the Day of the Dead.*
En España **se** bebe más café que té.	*In Spain **we** drink more coffee than tea.*

Often you see this construction used to say what you can or cannot do.

Se puede	*You can*	Se permite	*You are allowed*
No se puede	*You cannot*	No se permite	*You are not allowed*

5 ◆ Complete the following sentences with the correct ending for each verb.

E.g. **1** Aquí se habla español.

1 Aquí se habl_ español. (*hablar*)
2 No se permit_ fumar. (*permitir*)
3 Se prohíb_ tirar basura. (*prohibir*)
4 No se com_ en clase. (*comer*)
5 Se recicl_ botellas y papel. (*reciclar*)
6 Se hac_ deporte cada día. (*hacer*)

6 🕐 Fill in each gap with the correct form of the verb in brackets.

1 Se _____ la fiesta de San Fermín en Pamplona. (*celebrar*)
2 Se _____ mucho champán en Nochevieja. (*beber*)
3 Se _____ mucho pavo el día de Navidad. (*comer*)
4 Se _____ la sevillana (un baile típico) en la Feria de Abril en Sevilla. (*bailar*)
5 Se _____ un altar con flores especiales el Día de los Muertos. (*adornar*)
6 Se _____ mucho a la calle durante las fiestas. (*salir*)

7 🕐 Make up five sentences of your own saying what you / we do to celebrate various festivals. Use the impersonal *se*.

Nuestros proyectos

8A ¿En qué trabaja tu familia?

You will learn:
- to say what jobs people do
- to talk about your ambitions for the future
- to talk about people's character

1 Los trabajos

Mira los dibujos **1–16**. Busca la palabra correcta.

Ejemplo **1 m**.

a mecánico/a	**e** cocinero/a	**i** electricista	**m** actor / actriz
b ama de casa	**f** dentista	**j** futbolista	**n** programador(a)
c bombero/a	**g** peluquero/a	**k** abogado/a	**o** contable
d piloto	**h** dependiente/a	**l** enfermero/a	**p** profesor(a)

2 ¿En qué trabaja tu familia?

Copia el cuadro. Escucha y complétalo con los trabajos.

Padrastro	Madre	Hermano	Hermana	Tío	Primo

3 Maite y Andrés hablan de su futuro

Maite, ¿qué quieres ser en el futuro?

Me gustaría ser actor. Seré famoso. Es mi mayor ambición.

¿En qué trabaja tu madre?

Mi padre es mecánico. Trabaja en un garaje cerca de casa. Mi madre está en paro. No tiene trabajo.

Me gustaría ser peluquera. Trabajaré en una peluquería grande en Londres. Ganaré mucho dinero. ¿Y tú?

A mí me importará tener un trabajo interesante.

Mi madre es contable. Trabaja en una empresa en el centro de la ciudad. Y tus padres, ¿qué hacen?

a Lee y escucha.

b Contesta en español. Elige el verbo correcto de la caja para empezar cada respuesta.

Ejemplo **1** Será peluquera.

1 ¿Qué será Maite en el futuro?
2 ¿Dónde trabajará?
3 ¿Qué quiere ser Andrés en el futuro?

4 ¿A Maite, qué le importará más?
5 ¿Dónde trabaja la madre de Maite?
6 ¿Qué trabajo tiene la madre de Andrés?

No tiene	Quiere
Trabaja	Será
Le importará	Trabajará

4 ¿Qué harán en el futuro?

Haz corresponder las frases **1–6** con **a–f**.

Ejemplo **1 d.**

1 Me encanta la moda y quiero ser independiente.
2 Y tú, Carlos. Serás abogado, ¿verdad?
3 Mi padre quiere ser autor.
4 A los 17 años, yo ...
5 Mi hermana Jessica está harta de no tener dinero.
6 Mi tía Anamaría quiere ser electricista.

a Escribirá muchos libros.
b aprenderé a conducir y compraré un coche nuevo.
c ¡En tu trabajo a veces llevarás una peluca!
d Trabajaré en una tienda de ropa.
e Aprenderá todo sobre la física.
f El año próximo buscará un trabajo de tiempo parcial.

The future tense (regular) *I will ...*

	trabajar	aprender	escribir
yo	trabajaré	aprenderé	escribiré

▶ **Gramática 34**

5 Vamos a charlar

Túrnate con tu pareja. Pregunta y contesta. Menciona qué harás y dónde.

◆ **A**

¿Qué **quieres** ser en el futuro?

B

Quiero ser futbolista. **Jugaré** en el estadio Bernabeu. ¿Y tú?

Quiero ser actriz.

♣ **A**

¿En qué **trabajará** tu hermano?

B

Mi hermano **será** profesor. Trabajará en un colegio.

padre / padrastro / madre / madrastra / hermano/a / primo/a	un banco / un garaje / una empresa / una tienda / un hospital / una peluquería / una oficina / un aeropuerto / un hotel / una clínica

6 ¿Cómo eres?

a ◆ Haz dos listas: los rasgos positivos y negativos. Busca el inglés en un diccionario.

agradable	**falso/a**	perezoso/a
ambicioso/a	*generoso/a*	pesimista
antipático/a	*gracioso/a*	***responsable***
bueno/a	honesto/a	*sensato/a
cariñoso/a	honrado/a	*sensible
cruel	***impaciente***	*simpático/a
divertido/a	**inteligente**	*tímido/a*
egoísta	interesante	trabajador(a)
elegante	nervioso/a	**vago/a**

Táctica

Be careful! The asterisked words are 'false friends' – they look like an equivalent word in English but actually mean something different.

b Escucha a los jóvenes. Copia y rellena el cuadro 1–8 en español.

	Característica	Trabajo
E.g. **1**	*ambiciosa*	*propia compañía*
2		
3		

7 ¿Ser o estar?

Lee las frases y elige el dibujo correcto. Luego, completa las frases con la forma correcta de *ser* o *estar*.

Ejemplo **1 d**, Soy.

1 Me llamo Guillermo. (Estoy / Soy) de Gales.

2 Mi hermana trabaja mucho: ella (está / es) trabajadora.

3 ¿Dónde (sois / estáis) ahora?

4 Mis tíos (están / son) en España de vacaciones.

5 ¿(Estás / Eres) irlandesa o escocesa?

6 En mi clase todos (somos / estamos) inteligentes.

7 ¿Qué hora (es / está)?

8 Los autobuses (son / están) grandes y rojos en Londres.

ser	estar
soy	estoy
eres	estás
es	está
somos	estamos
sois	estáis
son	están

▶▶ Gramática 19

8 Eres lo mejor, ¿verdad?

Discute con tu pareja unos aspectos de tu personalidad. Cambia las palabras <u>subrayadas</u>.

A
Eres mi mejor amigo/a. ¿Qué piensas de mi personalidad?

B
<u>Normalmente</u> eres muy <u>trabajador(a)</u>. <u>A veces</u> eres <u>impaciente</u> pero <u>siempre</u> muy <u>simpático/a</u>.

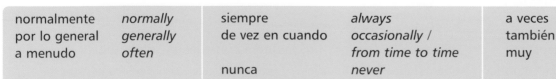

normalmente	*normally*	siempre	*always*	a veces	*at times*
por lo general	*generally*	de vez en cuando	*occasionally /*	también	*also*
a menudo	*often*		*from time to time*	muy	*very*
		nunca	*never*		

9 ¿Quién es?

a Completa la descripción del cantante famoso español. **Gramática 19**
Elige el verbo correcto. ¿Quién es el cantante de pop?

Hola. Me llamo ????.

Hablo inglés y español. (Soy / Estoy) una estrella de pop. De personalidad (estoy / soy) generoso, trabajador y ambicioso. Mis canciones (están / son) populares en muchos países europeos. (Estoy / Soy) bastante alto y también (soy / estoy) delgado.

Mi padre (está / es) también cantante famoso. Normalmente vivo en Madrid. Mi piso (es / está) en el centro de la ciudad. Cuando no (estoy / soy) cansado, me gusta tocar la guitarra. A veces (estoy / soy) de mal humor y eso (es / está) mi mayor defecto. Tengo novia guapa. (Es / Está) tenista. Creo que la educación (está / es) muy importante. En el futuro, viviré en una casa en los Estados Unidos. (Estará / Será) cerca de la playa. ¿Quién (soy / estoy)?

ENRIQUE IGLESIAS

b Contesta a las preguntas en español.

1 ¿Cómo se llama el cantante?
2 ¿Qué idiomas habla?
3 ¿Cómo es de personalidad?
4 ¿Es alto o bajo, gordo o delgado?
5 ¿En qué trabaja su padre?

6 ¿Por lo general dónde vive?
7 ¿Toca algún instrumento?
8 ¿Tiene rasgos negativos?
9 ¿Cuál es su opinión sobre la educación?
10 ¿Cuál es su ambición para el futuro?

10 Un correo electrónico

Recibes este correo electrónico de tu nueva corresponsal. Escribe una respuesta. Menciona aspectos de tu personalidad. Contesta a todas sus preguntas.

| Fichero ➡ | Nuevo ⬅ | Imprimir | Instrumentos |

Hola,

Soy tu nueva corresponsal. Me llamo Ángela y soy española. Vivo en el sur de España. Tengo 13 años y mi cumpleaños es el 5 de septiembre. Vivo con mis padres y mis cuatro hermanos. Asisto al instituto Joan Miró. Está en las afueras de la ciudad. De personalidad creo que soy inteligente pero también un poco vaga. Mis amigos me dicen que soy simpática y graciosa. En el futuro quiero ser médica porque me llevo bien con la gente y tengo mucha paciencia.

¿Y tú? ¿Dónde vives? ¿Cuál es tu nacionalidad? ¿Tienes hermanos y hermanas? ¿Cómo son de carácter? ¿Qué quieren ser en el futuro? ¿Cómo eres tú de personalidad? ¿Cuál es tu mayor defecto? ¿Qué quieres hacer en el futuro y por qué?

Un abrazo,

Ángela

8.1 ¿Qué trabajo hacen?

8.2 ¿Qué harás en el futuro?

8.3 Práctica: lengua

El mundo del trabajo

You will learn:

- to talk about future plans
- to apply for a job
- to write a CV

1 ¿Qué tal la entrevista?

Buenos días. Soy Juana Moreno.

Bueno, Isabel, ¿tienes experiencia en trabajar en supermercados?

¿Cuándo terminarás el curso escolar?

Encantada. Soy Isabel.

No mucha. La madre de una amiga tiene una tienda de ultramarinos. Le ayudo a veces.

Terminaré a principios de junio.

Entonces, estarás lista para empezar en junio, ¿verdad?

¿Cuándo volverás?

¿Continuarás con tus estudios?

Volveré a finales de junio.

Pues, no exactamente. Iré de vacaciones con mi familia.

¿Cuándo empezarás?

Empezaré en seguida.

No estoy segura, creo que me quedaré aquí si me gusta.

a Escucha y lee el texto.

b Escucha la entrevista otra vez. ¿Verdad (V), mentira (M) o no se sabe (?)?

Ejemplo **1 V.**

1 La entrevistadora se llama Juana.
2 Isabel trabaja en un supermercado.
3 El curso terminará a finales de junio.

4 Isabel irá de vacaciones con sus amigos.
5 Volverá a finales de agosto.
6 Continuará con sus estudios.

	-ar	-er	-ir
nosotros/as	estudiar**emos**	beber**emos**	escribir**emos**
vosotros/as	estudiar**éis**	beber**éis**	escribir**éis**

▶ Gramática 34

2 El tiempo futuro: nosotros y vosotros

Todos los verbos entre paréntesis están en mal orden. Elige los verbos correctos.

1 Esta noche (iremos) EastEnders a las ocho.
2 La semana que viene mi madre y yo (compraréis) a mi abuela.
3 El próximo verano (estaréis) al sur de Irlanda de vacaciones.
4 Este sábado, tú y tu hermano (visitaremos) un regalo por el cumpleaños de vuestro padre. ¿Verdad?
5 Estudiantes, el año próximo (veremos) dos lenguas, alemán y francés.
6 El lunes próximo (estudiaréis) en Madrid de excursión.

3 Vamos a charlar

a Túrnate con tu pareja. Practica la conversación abajo.

b Adapta la conversación. Cambia las palabras <u>subrayadas</u>.

A **B**

<u>Tomás</u>. ¿Qué planes tenéis tú y tu amigo <u>Jaime</u> para <u>este verano</u>?

<u>Iremos</u> de vacaciones a <u>los Estados Unidos</u>.

¿Para cuánto tiempo iréis?

Pues, creo que viajaremos por el país <u>durante tres semanas</u>.

¿Y tu familia? ¿Adónde irá?

<u>Mis padres</u> y <u>mis tíos</u> irán <u>al campo</u>.

Y tú, <u>Maite</u>, ¿qué planes tienes?

<u>Isabel y yo</u> trabajaremos <u>en el supermercado</u> para ganar dinero.

¿Cuánto dinero te pagarán?

Ni idea. Nos contarán todos los detalles en la entrevista final <u>el viernes próximo</u>.

4 Anuncios de trabajo 📖 ✏️

Se necesita

Repartidor(a) de periódicos

Mañanas 6–9 lunes a viernes, sábados y domingos 8–10

Llama a Clara
Telf. 957 47 63 71

1

Se necesitan cocineros con experiencia para trabajar en Hotel. Alojamiento incluido.

Málaga Telf. 252 12 43 51

2

Se necesita persona con buen conocimiento de inglés y alemán, e interesado en la historia para trabajar como guía. Escribe con sus detalles personales. Sr. Jones, Apdo. de correos no. 103, Pamplona

3

Polideportivo – puestos por vacaciones. Instructores de gimnasia, salvavidas, monitores de guardería y mucho más.

4

a Busca en los anuncios el español para las frases inglesas abajo.

Ejemplo **a** con experiencia.

a with experience
b call
c accommodation included
d with good knowledge
e write with your details
f holiday work

b Empareja los anuncios 1–4 con las cualidades necesarias a–d.

Ejemplo **1 c.**

a gente con lenguas
b estudiantes deportivos
c persona disponible para trabajar cada mañana
d alguien que quiere un trabajo con piso incluido

8.4 Un formulario   8.5 Una entrevista   8.6 ◆ ♣ Práctica: lengua

5 Cómo solicitar un puesto 📖 ✏️

EUROCAMPO

- **¿Quieres ganar dinero este verano?**
- **¿Tienes 16 años o más?**
- **Queremos chicos / chicas para trabajar en nuestro campo de verano.**
- **Requisitos: Interés en una variedad de deportes como el tenis, la natación, la equitación, el fútbol, etc.**
- **Buen conocimiento de inglés, alemán, francés o italiano.**
- **Habilidad para trabajar con niños es necesaria, junto con una personalidad responsable, extrovertida, con paciencia.**
- **¿Interesado? Completa un currículum vitae y mándalo a Apdo. de correos, no. 36, Córdoba.**

🔶 Quieres solicitar tu candidatura para este puesto. Copia y completa el currículum vitae con tus detalles.

Nombre:

Apellido:

Nacimiento:

Dirección:

Nombre de colegio:

Nivel de estudios:

Calificaciones:

Lenguas:

Gustos / intereses:

Deportes:

Cualidades personales:

Experiencia de trabajo:

6 Una carta de solicitud 📖 ✏️

🔶 Rellena los espacios en blanco con las palabras apropiadas.

Jueves, 22 de mayo

Muy señor mío,

He visto su ...**1**... en el tablón de anuncios en el ...**2**.... Me interesa mucho este ...**3**.... Creo que yo ...**4**... una persona ideal. Soy ...**5**..., trabajadora y ...**6**.... También ...**7**... muy deportista. Juego al ...**8**... y casi cada día voy a la ...**9**.... Tengo experiencia en trabajar de ...**10**... y durante el verano pasado trabajé de ...**11**....

Le saluda atentamente,

seré

tenis

anuncio

repartidora de periódicos

soy

gimnasio

puesto

responsable

honesta

piscina

canguro

8.7 🔶 ♣ Buscando trabajo

Muy señor mío	*Dear Sir*	su anuncio	*your advertisement*
He visto	*I saw*	Le saluda atentamente	*yours faithfully*
el tablón de anuncios	*noticeboard*	canguro	*baby-sitter*

7 Un hotel busca empleados

Hotel Sol y Sombra
Vacantes en los puestos siguientes:

Cocina
Bar y Restaurante

Recepción
Servicios Técnicos

Para solicitar un empleo, deberá usted enviar un correo electrónico ajuntando su curriculum vitae en un archivo de Word a la siguiente dirección: hhrr.@solysombra.com

Cocina
Jefe cocina
FP II – FP III Hostelería
Formación:
– Nivel 1 inglés
– Informática a nivel usuario + actividades de reciclaje
Experiencia: 2 años en hoteles de categoría similar
Aptitudes: Don de mando y organización

Bar y restaurante
2* Jefe Comedor
Formación:
– curso específico de camarero
– conocimientos básicos de inglés

Recepción
2* jefe recepción
Formación:
– Titulación media o superior o formación equiparable.
– Nivel 3,5 de inglés y nivel 2 de alemán.
– Informática nivel usuario

Servicios Técnicos
Jefe técnico
Formación:
– FP II Electricidad o electrónica o similar
– Nivel 1 inglés
– Informática a nivel usuario
– Conocimientos en las siguientes disciplinas:
Albañilería, piscinas, fontanería, maquinaria, instalación sanitaria, carpintería y pintura.

a Lee los anuncios. Luego elige la respuesta correcta.
Ejemplo **1 b**.

1 Hay puestos en:
   a una peluquería
   b un hotel
   c un garaje.

2 Para solicitar un trabajo hay que:
   a escribir una carta de solicitud
   b llamar por teléfono
   c enviar un correo electrónico.

3 El anuncio para la cocina dice que:
   a no hay que tener experiencia
   b es necesario tener nivel 2 o más de inglés
   c están interesados en gente con dos años de experiencia.

4 Por el puesto de Jefe técnico quieren alguien que tenga habilidad en:
   a hablar con clientes
   b por lo menos siete disciplinas.

b Quieres solicitar uno de los puestos. Escribe de una manera formal.

Usa la carta de la página 114 para ayudarte.

Menciona:

- Dónde viste el anuncio.
- Por qué quieres el puesto.
- Tu personalidad.
- Tu experiencia.

Vi ... y me parece muy interesante ...
Creo que ... porque me gusta ...
Soy ... , también soy muy / bastante ...
El verano pasado, trabajé con ... / como ...

8 Gramática – el futuro

Completa los verbos con las letras que faltan y hace frases con las palabras en el cuadro.

Ejemplo Yo fregaré el suelo.

yo fregar<u>é</u>
tú cocinar____
él, ella, usted arreglar____
nosotros/as sacar____
vosotros/as pintar____
ellos/as, ustedes limpiar____

la basura	la pared	las habitaciones
el suelo	los coches	las cenas

 Gramática 34

You will learn:
- to make arrangements to see someone
- to write an informal letter
- to discuss a year abroad

1 ¿Cuándo nos vemos?

¡Dígame!

Hola Teresa, soy yo Michael.

Hola Michael, ¿qué tal?

Estupendo. Mira cariño, mañana a las nueve de la mañana cogeré el vuelo de Heathrow.

Muy bien, ¿a qué hora llegarás a Sevilla?

Creo que estaremos sobre las dos de la tarde.

Perfecto. Te recogeré en el aeropuerto, ¿no?

Sí, sí. ¿Dónde nos encontraremos?

Te esperaré en la cafetería Clara, ¿vale?

Fenomenal. Cariño, ¿sabes que tendré tres semanas de vacaciones?

¡Qué bien! Entonces vamos a hacer una barbacoa para tu cumpleaños.

De acuerdo. Te ayudaré con las preparaciones.

a Escucha y lee.

b ¿Verdad (V), mentira (M) o no se sabe (?)?

Ejemplo **1 M**.

1 Michael va a viajar en barco.
2 Michael va a llegar por la mañana.
3 Teresa puede recogerle.
4 Van a encontrarse en el aeropuerto en una cafetería.
5 Michael tiene más de un par de semanas de vacaciones.
6 Van a invitar a todos sus amigos a la barbacoa.

2 ¿Qué harán los jóvenes?

Escucha a los jóvenes y mira los dibujos. Empareja los dibujos con los jóvenes.

Ejemplo **1 d**.

a   b   c   d   e   f

3 Noticias de un(a) amigo/a

Daniel recibe un correo electrónico de su amiga española. Lee el texto,
luego contesta a las preguntas 1–8 en inglés.

<u>F</u>ichero ➡	<u>N</u>uevo ⬅	<u>I</u>mprimir	<u>I</u>nstrumentos

18 de enero

Querido Daniel,

Tengo muchas ganas de verte. Quería decirte algo sobre mis planes. Nos veremos muy pronto – ¡sólo queda una semana! ¡Qué emocionante! Bueno, tengo la intención de coger el barco de Santander que sale a las once de la mañana. El viaje tardará veintitrés horas y llegará a Plymouth el miércoles 25 de enero. Llegará a las diez de la mañana el día siguiente. Me quedaré un par de semanas. Tengo unas preguntas para ti.

¿Vas a recogerme en el puerto? Espero que sí, pero, si es difícil, puedo ir en tren a tu casa. En tu último correo, me dijiste que tus hermanas no estarán. ¡Qué pena, tenía ganas de verlas también! ¿Qué vamos a hacer durante la semana? Recibí una carta de Guillermo y me dijo que iba a tener una fiesta el sábado por su cumpleaños. ¿Qué vamos a comprarle? ¿Qué tiempo hará? Si hace mal tiempo el domingo, todos podemos ver la nueva película de Harry Potter.

Hasta pronto,

Leanda

1 When will Daniel and Leanda meet?
2 Where is Leanda going to take the boat from?
3 How long will the journey take?
4 When will Leanda arrive?

5 How long will she stay?
6 What will she do if Daniel cannot pick her up?
7 Is she relieved that his sisters cannot be there?
8 What is happening at Guillermo's on Saturday?

4 ¿Quieres salir?

Con tu pareja practica la conversación abajo y luego inventa otras conversaciones.
Invita a un(a) amigo/a para:

- ir a la playa
- ver una película

- ir a la piscina
- jugar al tenis

- ir de compras
- jugar a las cartas

- tocar en la banda
- visitar el museo

A

¿Quieres ir a un partido de fútbol?

B

¿Cuándo?

Este sábado en el Neu Camp.

De acuerdo ¿A qué hora empieza?

A las dos y media.

¿Dónde quedamos?

En la boca del metro a la una.

5 ¿Qué planes tiene Miriam?

◆ Lee la carta de Miriam sobre sus planes para el futuro. Rellena los espacios en blanco con las palabras apropiadas.

Ejemplo **1** contaré.

> Querida Ana
>
> ¿Qué tal? Yo estoy muy bien. Te lo ...**1**... algo sobre mis planes para el ...**2**... próximo. Los exámenes ...**3**... a finales de mayo. Yo y unos amigos ...**4**... de viaje a Nerja. Iremos a principios de ...**5**... por una semana. Nos quedaremos en una ...**6**... cerca de la playa. Como sabes, me encanta el agua. Para descansar nadaré en la piscina por las ...**7**... y luego desayunaré en la terraza. Claro que hay mucho que ...**8**... en Nerja además de tomar el sol y nadar. Cuando volvamos de las vacaciones empezaré mi ...**9**... en el ...**10**.... Trabajaré cada ...**11**... para ganar dinero para el viaje a América Latina. Iré ...**12**... de la Navidad. Volaré directamente a Perú y buscaré un trabajo ...**13**... inglés. Me quedaré durante un año y cuando vuelva, empezaré mis estudios universitarios. ¡Casi no puedo esperar!
>
> Miriam

año
iremos
pensión
trabajo
hacer
contaré
después
enseñando
terminarán
mañanas
supermercado
junio
día

6 ¿Quieres escribir una carta?

♣ Escribe una carta parecida sobre tus planes para el año próximo.

Menciona:

- Cuándo vas.
- Dónde vas a ir.
- Por cuánto tiempo vas a ir.
- Las actividades que vas a hacer.
- Cómo vas a ganar dinero.

Utiliza las frases del cuadro.

Querido (Pablo)	*Dear (Pablo)*
Querida (Ángela)	*Dear (Ángela)*
te contaré ...	*I will tell you ...*
iré ...	*I will go ...*
después de / antes de	*before / after*
me quedaré	*I will stay*
Un abrazo	*Love (at end of a letter to a friend)*

7 ¿Quieres traducirlas al inglés?

♣ Traduzca las frases.

Ejemplo **1** You will see me next summer.

1 <u>Me</u> verás el próximo verano.

2 ¿Tienes sed? <u>Te</u> compraré un refresco.

3 <u>Le</u> dirán todo mañana.

4 <u>La</u> invitará al cine el viernes que viene.

5 El profesor siempre <u>nos</u> ayudará.

6 Alejandro <u>os</u> llamará a las ocho.

7 <u>Les</u> vendrán a ver.

le **veremos** más tarde	***we will see** him later*
les **veré** a las nueve	***I will see** them at nine*
me *me*	nos *us*
te *you*	os *you (plural)*
le / la / lo *him / her / it*	les / las / los *them*

 Gramática 25, 26, 34

| 8.9 | ◆ ♣ Las estrellas | 8.10 | Táctica: lengua | 8.11 | ◆ ♣ Práctica: lengua |

8 ♣ **¿Cómo se dice en inglés?** 📖 ✏️

¡Trabaje con nosotros!

¿Tiene usted entre 17–70 años?

¿Quiere usted trabajar como voluntario en Latinoamérica, África, Europa o Asia? Tenemos puestos en quince países por todo el mundo.

Le prepararemos y entrenaremos completamente. Siempre hay personal disponible para ayudarle en el país.

¿Quiénes somos?

Somos una organización que trabaja para desarrollar a gente y compartir culturas. Esta es una oportunidad de conocer a gente de todo el mundo y aprender otro idioma y cultura.

¿En qué trabajará usted?

Tenemos puestos en:

enseñanza, conservación, periodismo y desarrollo de la comunidad.

¿Qué clase de persona florece en este ambiente?

Si es usted trabajador(a), dedicado/a, dinámico/a;

Si quiere usted hacer una diferencia positiva en las vidas de otros, queremos que se ponga en contacto con nosotros: www.caraacara.com

a ♣ Lee el anuncio y busca el español por las frases siguientes.

Ejemplo **1a** trabajar como voluntario.

1 a to work as a volunteer
  b we will prepare and train you
  c there are staff available

2 a to develop
  b an opportunity to meet people
  c to learn another language

3 a teaching
  b journalism
  c developing the community

4 a if you are
  b to make a positive difference
  c the lives of others

b Lee los ejemplos, luego completa los verbos en el futuro.

nosotros/as *we will ...*	vosotros/as *you will ...*
Ejemplo we will say = dir + emos	*Ejemplo you will be able* = podr + éis
we will have = tendr _ _ _ _	*you will put* = pondr _ _ _
we will go out = saldr _ _ _ _	*you will know* = sabr _ _ _
we will sell = vendr _ _ _ _	*you will do / make* = har _ _ _

9 **¿Te interesa trabajar en el extranjero?** 📖 ✏️

♣ Has visto el anuncio de *Cara a Cara* en el periódico. Escribe una carta explicando por qué te interesa.

Menciona:

- Dónde viste el anuncio.
- Por qué te interesa.
- Algo sobre tu personalidad y experiencia.

Pide más informacíon sobre:

- Las fechas de salida.
- La duración de la estancia.
- El alojamiento.

Acción: lengua

- ### Regular verbs in the future

To form the future tense, add the following endings to the <u>infinitive</u>: **é, ás, á, emos, éis, án**

Remember: for this tense there is just <u>one</u> set of endings for **-ar**, **-er** and **-ir** verbs.

Trabajar**é** en un garaje.	*I will work in a garage.*
¿Aprender**ás** a conducir?	*Will you learn to drive?*
¿Ir**á** a la discoteca?	*Will he / she go to the disco?*
Pensar**emos** ir a la Universidad.	*We will think about going to university.*

1 ◯ **Choose the correct form of the verb in each sentence.**

E.g. **1** iré.

1 Yo (irá / iré) a la discoteca esta noche.
2 Nosotras (pensarán / pensaremos) ir a la Universidad el año que viene.
3 Mañana vosotros (ayudaréis / ayudarás) a limpiar la casa.
4 Ellas (jugarán / jugaré) con sus primos en el parque.
5 Tú (montarás / montarán) en monopatín.
6 La semana próxima él (pasaremos / pasará) una semana en la casa de sus primos.

2 ♣ **Tomás, Maite and some friends are talking about what they / their classmates will do later or in the future. Make up a full sentence in the future and translate into English. Try to use a variety of subjects (I, he, they, etc.).**

E.g. **1** Serán cocineros buenos.
  They will be good cooks.

1 Ser / cocineros
2 Escribir / una carta de solicitud
3 Trabajar / bar / el año próximo
4 Lavar / coche / esta tarde
5 Bailar / a la fiesta / esta noche
6 Cambiar / dinero / banco
7 Dibujar / cuadro / clase de arte

- ### Irregular verbs in the future

A number of verbs have irregular forms in the future. The endings are the same (**é, ás, á, emos, éis, án**), but the stem changes. Learn the following list off by heart.

salir	**saldré**	*I will go out*	poder	**podré**	*I will be able*	poner	**pondré**	*I will put*
tener	**tendré**	*I will have*	decir	**diré**	*I will say*	querer	**querré**	*I will want*
vender	**vendré**	*I will sell*	saber	**sabré**	*I will know*	hacer	**haré**	*I will do / make*

3 ♣ **Make up six sentences using the list of irregular verbs above.**

E.g. **1** Haré mis deberes esta tarde.

1 mis deberes   2 la mesa   3 a tu fiesta   4 un chiste   5 las ocho y media   6 dos gatos en el futuro

4 ♣ **Maite is talking about her plans for this evening. Put the verbs in brackets in the future tense if necessary.**

E.g. saldré, ...

Esta noche (salir) con mi amiga. Yo (querer) ver la nueva película de Harry Potter, mi amiga no. Le (decir) que será muy buena. Como siempre creo que ellos (vender) las entradas una hora antes. Yo (comprar) las palomitas porque mi amiga no (tener) mucho dinero. También nosotras (poder) beber refrescos.

- ### The immediate future

Another way of talking about the future is to use the verb **ir** + **a** + infinitive. It can suggest something that is going to happen very soon and be used to add variety to your language.

E.g. **Voy a comprar** una falda nueva. *I am going to buy a new skirt.*

El futuro de un chico de 17 años

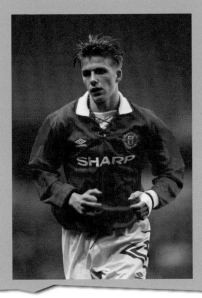

Me llamo David Beckham. Tendré mucha suerte en mi vida. Trabajaré mucho en mi carrera. Seré un futbolista fantástico. Jugaré para Mánchester Unido, Real Madrid e Inglaterra. Ganaré mucho dinero. Entrenaré cada día durante muchas horas para perfeccionar mis goles. Representaré mi país en la copa mundial y marcaré goles. Viajaré bastante por Europa con el equipo. Me casaré con una cantante guapa y famosa. Tendré dos hijos guapos. Viviré en una casa preciosa. Me interesará la moda y cambiaré mi peinado a menudo. Venderán mi propia marca de ropa en *Marks and Spencer* para los jóvenes. Seré un buen modelo a imitar.

1 Read the text and find the Spanish for the following phrases.

1 I will be very lucky.
2 I will work hard.
3 I will play for ...
4 I will earn a lot of money.
5 I will train every day.
6 I will travel quite a lot.
7 I will have ...
8 I will change my hairstyle.
9 They will sell ...
10 I will be a good role model.

2 a Read Jessica's list of New Year's Resolutions and fill in the gaps.

E.g. **1** saldré.

Por las mañanas …**1**… de la casa temprano.
…**2**… a pie en vez de tomar el autobús.
…**3**… al colegio a tiempo.
…**4**… mucha atención en las clases.
…**5**… por lo menos una hora de deberes cada noche.
…**6**… a mis padres con los quehaceres.
…**7**… la tele sólo después de quitar la mesa.
…**8**… los platos dos veces a la semana.
…**9**… mi dormitorio durante el fin de semana.
…**10**… si mis padres no me dejan salir por la noche.

| Arreglaré | Prestaré | Iré | No me quejaré | saldré | Ayudaré | Fregaré | Haré | Llegaré | Veré |

b Are the following sentences true or false? Correct the sentences that are false.

E.g. **1** false: Jessica will leave home early.

1 Jessica will leave home late.
2 She will take the bus.
3 She will do her homework.
4 She will watch television before clearing the table.
5 She will help her parents with the chores.
6 She will tidy her room on Mondays.

3 Write 10 sentences about your future or your good intentions.

7-8 ¡Repaso!

1 ¿Cómo celebrabas tu cumpleaños?

Rellena los espacios en blanco con las palabras apropiadas.

Ejemplo **1** celebraba.

Querido diario,

Hoy cumplí 13 años y celebré mi cumpleaños de una manera muy distinta de cómo lo …1…. En el pasado no …2… muy bien la noche anterior. Me …3… temprano para abrir mis regalos. Nunca …4… lo que …5… a recibir. …6… cartas con insignias de mi edad o de Thomas the Tank o de otros dibujos animados. …7… una fiesta de cumpleaños e …8… a mis amigos y a primos y …9…juegos. ¡Lo …10… bomba!

| invitaba | Recibía | pasaba | Tenía | levantaba | celebraba | dormía | jugábamos | iba | sabía |

2 Las celebraciones

Escucha. Copia y completa el cuadro.

	¿Cuándo?	¿Dónde?	¿Con quién?	¿Más detalles?
1	octubre	McDonald's	mejores amigos	le encanta, la comida es barata
2				
3				
4				

3 Una entrevista con una Cordobesa

Empareja las preguntas con las respuestas.

Ejemplo **1 c**.

1 ¿Cuál es tu fiesta favorita del año y por qué?
2 ¿Cómo se celebrará El Festival de los Patios Cordobeses?
3 ¿Cuándo tendrá lugar?
4 ¿Cuánto tiempo durará?
5 ¿Quién la organizará?
6 ¿Qué pasará durante la época de fiestas?

a Tendrá lugar a principios de mayo.
b Se celebrará con concursos por los Patios más hermosos. Se otorgarán premios en categorías distintas.
c Mi fiesta preferida tiene que ser la de Los Patios. Me encanta porque la ciudad está llena de flores preciosas.
d La fiesta forma parte de un mes de fiestas pero el concurso durará una semana más o menos.
e Habrá conciertos y sevillanos por la tarde y siempre habrá música.
f Normalmente el ayuntamiento la organizará.

4 ¿Quieres saber más?

Busca en el Internet más información.

Escribe un párrafo sobre El Festival de Los Patios Cordobeses o un festival o concierto que conoces bien, por ejemplo, La noche de Guy Fawkes.

Menciona las fechas y las actividades.

página 103 Mira el cuadro de vocabulario para ayuda.

5 Mi trabajo ideal

Escucha y contesta: ¿verdad o mentira?

		Verdad	Mentira
1	Trabajará como ama de casa.		✓
	Tendrá viviendas en todo el mundo.		
2	Escribirá sus libros en una isla.		
	Le importará ganar fama.		
3	Es una persona egoísta.		
	Querrá trabajar en el extranjero.		
4	Será presentador de noticias en la tele.		
	Comprará tierras con su sueldo.		

6 ¿Te gustaría la vida de una estrella de pop?

a Lee el texto y las frases 1–8. Elige las palabras correctas según el texto.

b Cambia cada verbo subrayado al tiempo futuro y haz más cambios si es necesario.

Se <u>llama</u> Christina Aguilera. Es cantante famosa y <u>canta</u> en inglés con versiones en español. <u>Nació</u> en Nueva York, EE.UU. Su cumpleaños <u>es</u> el 18 de diciembre. Su padre <u>viene</u> de Ecuador. <u>Está</u> orgullosa de su herencia cultural. Su padre <u>era</u> sargento en el ejército de los Estados Unidos y por eso <u>viajaban</u> y <u>vivían</u> en varios países. <u>Tenía</u> profesor de español que la <u>enseñaba</u> porque <u>entendía</u> casi todo pero <u>hablaba</u> poco español. <u>Ha tenido</u> muchos éxitos como un premio Grammy y un Globo de Oro. A los 18 años era famosa y lo <u>encontraba</u> difícil. Siempre <u>estaba</u> rodeada de adultos. Le <u>gustaba</u> ir en limusina pero ahora está más acostumbrada y no le hace caso. A los 12 años Britney y Christina <u>trabajaban</u> juntas y <u>eran</u> buenas amigas.

1 Canta (en inglés y español / sólo en español).
2 Nació en (Ecuador / los Estados Unidos).
3 (Su familia / Su padre) venía de Ecuador.
4 Tiene una actitud (positiva / negativa) hacia su herencia cultural.
5 Hablaba (bastante / poco) el español.
6 Encontraba (fácil / difícil) la fama.
7 Ahora (le encanta / no le importa) viajar en limusina.
8 Antes Christina y Britney eran (amigas / enemigas).

7 ¿A quién admiras tú?

Escribe un perfil sobre un actor / una estrella de música a quien admiras. Usa el tiempo imperfecto.

Era ...   Vivía ...   Estaba ...   Cantaba ...   Jugaba ...

Nuestro mundo

9A ¿Cómo es tu región?

You will learn:
- to describe the area where you live

¡Bienvenidos! Me llamo Maite. ¿Cómo es México?

Tijuana

Los Mochis

La Paz

Culiacán

Durango

Hay mucho comercio y mucho dinero.

Hay mucha cultura y mucho turismo.

Hay mucho desempleo y mucha miseria.

Monterrey

Hay mucho tráfico, mucha contaminación y mucha industria.

Guadalajara

México

Oaxaca

Cancún

Mérida

1 El país de México 🖊️ 📖

a Escucha y lee el texto.

b Escucha a las personas 1–6. ¿Dónde viven?
Ejemplo **1** en la capital.

en el campo

en la montaña / sierra

en la capital

en la costa

♣ ¿Cómo es? Añade otros detalles. *Ejemplo* **1** en la capital, hay mucho turismo.

2 Mi región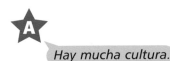

Mira el mapa en la página 124 otra vez. ¿Positivo o negativo? ¿Qué opinas? Trabaja con tu pareja.

A *Hay mucha cultura.*

B *Positivo.*

Habla con tu pareja de tu región.

A *¿Hay mucho turismo?*

No, hay poco. ¿Hay mucha industria?

Sí, bastante.

B

poco/a	bastante	mucho/a

3 Con tu pareja 9.1

¿Cómo es la región?

4 Las dos caras de la República

Lee el artículo. ¿Dónde viven? ¿Son positivos , negativos o los dos + ?

Ejemplo **Eduardo** en el campo .

Hay mucha emigración a la capital. Lee y rellena el cuadro.

	Capital	Campo, montaña
lo positivo	*mucha cultura*	
lo negativo		

Me llamo Eduardo. Vivo en la región de Nueva León, en el campo cerca de la ciudad de Monterrey. Es una región de mucha agricultura, mucho verde, y mucho turismo con excursiones al Parque Nacional.

Soy Amaya y vivo en la capital. Es una ciudad fascinante. Hay mucho comercio (bancos, tiendas), mucha cultura (museos, galerías de arte) y mucha diversión. Pero el tráfico es horroroso: hay mucha contaminación y los coches usan mucha gasolina.

Me llamo Jaime y vivo en la capital. Hay mucho comercio, mucha cultura, y mucha diversión: cines, teatros, un parque maravilloso con mucho verde ...

Me llamo Reme, y vivo en la capital, con mi madre y mis hermanos. Hay mucha miseria: hay *poco empleo* y muy *poco dinero*. También hay industria y mucha contaminación. El aire es tóxico: ¡pasar 24 horas en la capital, es como fumar 40 cigarrillos!

Soy Marifé y vivo en el campo en la región de Durango. En los pueblos hay mucho desempleo, y mucha miseria. Hay mucha agricultura – pero hay poco dinero. Quiero ir a la capital.

Me llamo Taxa. Soy de la región de Oaxaca, y soy indio Zapotec. La montaña aquí es magnífica: hay mucho verde y mucha tranquilidad. Hay mucha cultura en esta región: la cultura india es muy antigua, con ruinas magníficas en Monte Albán. En mi pueblo, hay mucha artesanía.

9.1 | ¿Cómo es la región?

5 El norte 🖋 9.2

◆ Escucha a los jóvenes.
¿Cómo es vivir en …

… Tijuana?   … Los Mochis?

… Culiacán?   … La Paz?

Táctica: Pronunciation of c / z

	In Spain	In Mexico
comer**c**io	comer(**th**)io	comer(**s**)io
cerca	(**th**)erca	(**s**)erca
pla**z**a	pla(**th**)a	pla(**s**)a
centro	?	?
ciudad	?	?
contaminación	?	?

---

6 El Yucatán 📖 🖋

◆ Lee la carta de Julio y sustituye a los dibujos por palabras españolas. Mira el cuadro de la actividad 7 para ayudarte.

¡Hola! Me llamo Julio y vivo en el sureste, en la región del Yucatán. La capital se llama Mérida. Hay mucho [dibujo] , y en el mercado enorme hay [dibujo] : Mérida es muy célebre por sus hamacas también. Hay mucha [dibujo] en el centro con música y baile en la calle y en los bares mariachi. Hay mucho [dibujo] , y [dibujo] en la capital. El [dibujo] es muy bonito y al sur en la [dibujo] , hay monumentos arqueológicos de los indios Maya en Uxmal. En la [dibujo] está el puerto de Progreso: allí, hay mucha [dibujo] pero la playa no está mal. Me gusta vivir en la región — hay mucho que hacer y ver.

7 Vivo en … 🖋 💬

◆ Describe tu región y dibuja un mapa, si quieres.

Habla a tu clase de tu región o de una región de España que conoces.

> Vivo en la región de Cornwall, en el suroeste de Inglaterra. En la costa, hay mucho turismo …

> ¡Hola! Me llamo Sam. Quiero hablar de la región cerca de la Costa Blanca, en España. En la costa hay mucho turismo …

¿Dónde vives?		Vivo en la región de …		
¿Cómo es tu región?				
en el campo	(no) hay	(mucho) dinero	(mucha)	agricultura
en la capital		(poco) comercio	(poca)	artesanía
en la costa		desempleo		contaminación
en la montaña		turismo		cultura
en la sierra		verde		diversión
				industria
				miseria

9.2 ◆ El norte

8 Un lugar de contrastes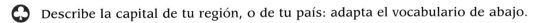

a 🍀 Lee el artículo sobre la capital.

b Haz una lista de las palabras parecidas al inglés. *Ejemplo* **comercial** > *commercial.*

Utiliza la sección de vocabulario. *Ejemplo* **sede** *(f) headquarters, seat.*

México es una ciudad comercial con tiendas, grandes almacenes y negocios internacionales. Una capital financiera también, es la sede de Banamex (el Banco Nacional de México) y de otros bancos multinacionales. La sede del Gobierno, es un centro político, industrial y económico donde está basado el 50% de la industria del país.

La capital no es solamente un centro administrativo – también tiene una cara artística y turística. México cuenta con todo: arquitectura ultramoderna y tradicional, galerías de Arte Moderno, y el impresionante Museo de Antropología. Tiene una rica vida cultural: aquí en la capital están las oficinas centrales del cine, del teatro, de la prensa, y de las casas editoriales.

Pero la capital tiene unos problemas horrendos. Está situada a una altura de 2.240 metros, el aire no es limpio. El humo contaminado de los coches causa bronquitis, asma y 700.000 fallecimientos al año. La ciudad está muy masificada: cuenta con 27 millones de habitantes. Para el 33% de la población de la capital, no hay trabajo – un desastre económico. La gente pobre vive en las afueras, en las famosas 'ciudades perdidas': 500 chabolas sin electricidad, agua o sanidad.

¿Y el futuro? México es una capital animada que vive, y que sobrevive. ¿Quién sabe …?

9 Vivir en México

a 🍀 Elige el número correcto para cada frase.

1 La capital tiene unos _____ millones de habitantes.

2 El _____ % de la industria del país está basado en la capital.

3 El aire contaminado es responsable de _____ fallecimientos al año.

4 Hay mucho desempleo: para el _____% de la población, no hay trabajo.

5 Mucha gente vive en la miseria, en las _____ chabolas de las afueras.

50
500
33
27
700.000

b **Repaso** Escribe en parejas opuestas. *Ejemplo* sucio / limpio.

sucio	aburrido	antiguo	divertido	bonito
moderno	limpio	tranquilo	ruidoso	feo

c ¿Verdad (V) o mentira (M)?

Ejemplo **1 V.**

1 México es una ciudad administrativa.

2 La capital está contaminada.

3 El aire es limpio.

4 La ciudad tiene una vida artística y cultural.

5 El centro no está masificado.

6 La capital es un lugar turístico.

10 En la capital

🍀 Describe la capital de tu región, o de tu país: adapta el vocabulario de abajo.

el centro	la capital
es (un lugar) turístico, industrial	es (una ciudad) económica, comercial
está masificado, contaminado	está masificada, contaminada
tiene una cara / una vida artística, cultural	

▶ **Gramática 7**

9.3 ◆🍀 El Levante
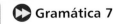

You will learn:
- to express positive / negative statements on environmental issues
- to change adjectives into adverbs

Anoche en las noticias, vi un reportaje sobre las inundaciones en Inglaterra. ¿Por qué hay tantas inundaciones en Inglaterra, Gary?

Creo que es el recalentamiento global lo que causa las lluvias fuertes.

Eso me preocupa mucho. Pero, ¿qué podemos hacer para proteger el medio ambiente?

Pues no te bañes, y en su lugar toma una ducha. Ahorra agua.

En casa, no tires jamás las botellas ni ningún periódico a la basura. Recicla vidrio, papeles y latas.

Nadie debe tirar basura o papeles en la calle.

No viajes nunca en coche si es posible, vete en transporte público o a pie.

Compra productos orgánicos y reciclados.

Ningún conductor debe conducir de prisa para no gastar mucha gasolina.

1 ¡Sé consciente!

a Escucha y lee.

b Escucha otra vez. Completa cada frase con *no, no nunca, no jamás, nadie, ningún(o)*.

Ejemplo **1 No** te bañes. Ahorra agua.

1 ___ te bañes. Ahorra agua.

2 _____ debe tirar papeles en la calle.

3 __ tires _____ las botellas a la basura.

4 _____ conductor debe conducir de prisa.

5 __ viajes _____ en coche si es posible.

6 __ tires ____ papeles y latas sin reciclar.

c ¿Quién habla: Maite, Isabel, Tomás o Gary?

Ejemplo **1** Isabel.

Positive and negative commands (Tú form)

-ar, -er, -ir		Positive	Negative
tirar	(tú)	tira *throw*	no tires *don't throw*
creer	(tú)	cree *believe*	no creas *don't believe*
prohibir	(tú)	prohíbe *forbid*	no prohíbas *don't forbid*
utilizar	(tú)	utiliza *use*	no utilices *don't use*

▶ AL 9

2 ¿Qué prohíbes tú?

Haz seis frases negativas y cuatro positivas.

Ejemplo **No utilices** productos cosméticos elaborados de experimentos con animales.

A

utilizar *to use*	productos elaborados de experimentos con animales.
comprar *to buy*	gasolina con plomo.
gastar *to waste*	electricidad, agua y gas.
viajar *to travel*	en coche.
tirar *to throw*	botellas, papel, y latas.
dejar *to leave*	basura al suelo.

B

protestar *to protest*	para la protección de los animales en peligro de extinción.
prohibir *to forbid, ban*	la venta de gasolina con plomo.
escribir *to write*	cartas al Primer Ministro.
reciclar *to recycle*	latas, vidrio y papel.

3 ¿Qué haces tú o no para proteger el medio ambiente?

Con tu pareja, tira el dado por turnos. Hay que explicar el dibujo en cada cuadro correctamente.

Si lo haces bien puedes tirar otra vez, si no ¡hay que regresar un cuadro!

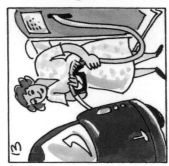

4 Un desastre enorme 🔔 ✏️ Ⓓ

a Lee el texto. Utiliza un diccionario para buscar el inglés de las palabras subrayadas.

En noviembre de 2002, ocurrió un <u>desastre</u> ecológico en una de las regiones más hermosas de toda España. Un <u>buque</u> de veinticinco años que llevaba 19.600 toneladas de petróleo <u>hizo aguas</u>. Después de unos días de olas gigantescas y <u>vendavales de fuerza,</u> rompió en dos partes y finalmente se hundió a 250 kilómetros de la costa del noroeste de España. Dejó una <u>marea negra</u> de cuarenta y cuatro kilómetros de largo y tres kilómetros de ancho. Esta parte de España tenía fama de tener playas doradas y noventa bonitos puertos. Por desgracia por ahora la costa se queda destruida. Hay muchos pescados, <u>mariscos</u>, fauna y aves marinas muertos. Las <u>aves</u> que han sobrevivido sufren dolores horrorosos. Más de 4.800 civiles y militares trabajan en tareas de limpieza en las playas afectadas por el <u>vertido</u>. Las autoridades y científicos dicen que la limpieza podría llevar cuatro años.

b ¿Lo has entendido bien? Contesta a las preguntas en inglés.

1 When did the disaster happen?
2 Where in the world did it happen?
3 What happened to the oil tanker?
4 In what way did the weather contribute to the problem?
5 Where did it eventually sink?
6 How big was the oil slick?
7 For what was this area famous?
8 What has been the effect of the disaster on the wildlife?
9 To what does the figure 4,800 refer?
10 How long could the clean-up operation take?

5 ¿Cómo se puede ayudar? 🔔 ✏️

a Empareja las dos partes de las frases.

Ejemplo **1 d**.

1 Siempre cierra …
2 A menudo, reutiliza …
3 Por lo general, apaga … nadie …
4 No utilices jamás …
5 Ciertamente, no tires nunca …

a las bolsas de plástico.
b residuos químicos a los ríos.
c los sprays que contienen productos nocivos.
d el grifo en casa y en los servicios públicos.
e la luz cuando no hay … en el cuarto.

b 🔵 Rellena los espacios en blanco con el adverbio inglés apropiado.

Ejemplo **1** often.

1 … reuse plastic bags.
2 … turn off the light when there is nobody in the room.
3 … throw chemical waste in rivers.
4 … turn off the tap at home and in public toilets.
5 … use CFCs.

c 🍀 Haz un póster con tus eslogans preferidos.

Formation of regular adverbs			
rápido	*quick*	→ rápidamente	*quickly*
probable	*probable*	→ probablemente	*probably*
Irregular adverbs			
una vez	*once*	siempre	*always*
rara vez	*rarely*	nunca / jamás	*never*
a menudo	*often*		
por lo general	*generally / as a general rule*		
de vez en cuando	*from time to time / occasionally*		

 AL 9

6 Un problema global

Hoy en día en El Reino Unido, los problemas más importantes en las ciudades más grandes son la polución de vehículos y la basura en las calles. En Londres siempre hay mucha basura, a menudo se puede ver calles afectadas.

En el campo, los ríos se desbordan con más frecuencia y en los pueblos marítimos hay inundaciones tremendas y severas. En Irlanda, llovió durante casi todo el invierno sin parar.

En España los mayores problemas del medio ambiente son diferentes: los incendios forestales y la sequía. El verano pasado, hizo mucho calor y sol, lo que causó un brote de incendios forestales.

¿Cómo se puede solucionar los problemas? Los alumnos de dos colegios, uno en Inglaterra y el otro en España, han empezado una campaña. Quieren sensibilizar al público de los problemas en los dos países. Sus pósteres contienen consejos como: no dejes vidrio en el campo o no tires colillas.

Normalmente se escriben una vez al mes para intercambiar ideas. De vez en cuando, se hacen vídeos especialmente dirigidos a los jóvenes, por ejemplo los pirómanos que encienden los bosques intencionadamente. Su mensaje es que todos tenemos que actuar ahora si queremos los bosques en el futuro.

♣ Lee el texto. Luego, lee las frases **1–8** e intenta terminar las frases según el texto.

1 Los mayores problemas en Gran Bretaña son …

2 En el paisaje el problema es …

3 En la costa se preocupan por …

4 Los incendios forestales son un problema en …

5 En la capital de Inglaterra hay …

6 Para solucionar los problemas los alumnos …

7 Los alumnos hacen la campaña porque …

9.4	◆ ♣ Proteger el medio ambiente
9.5	♣ Práctica: lengua
9.6	◆ ♣ Una carta de protesta

7 ♣ El medio ambiente

a Prepara y escribe una presentación sobre un aspecto del medio ambiente que te preocupa o te interesa. Utiliza el vocabulario abajo.

b Luego, aprende tu presentación de memoria y preséntala a un grupo de personas o a tu pareja.

● **Los problemas**
Los problemas más importantes en (Newport) son …
En España los mayores problemas son …
Siempre veo … / A menudo veo …

● **Tus impresiones**
En particular me preocupa … debido a …

● **¿Qué soluciones hay?**
En mi opinión debe …
No … nunca …
De vez en cuando …

● **Conclusión**
Concluyendo, creo que si no actúan los españoles / británicos ahora …

9C ¿Qué deberíamos hacer?

You will learn:
● to say what we ought and ought not to do

En la familia de Tomás, no todo el mundo está de acuerdo.

1 ¿Deberíamos o no deberíamos?

a Escucha y lee el texto.

b ¿Qué opinan Tomás y Maite? Contesta verdad (V) o mentira (M).

Ejemplo **1 M**.

1 No deberíamos comer huevos caseros.
2 Sería mejor comprar productos que han sido probados en animales.
3 No deberíamos llevar pieles.
4 No deberíamos prohibir la caza.
5 No sería mejor prohibir el tráfico de animales exóticos.
6 Sería mejor boicotear los circos.

♣ Corrige las frases mentirosas.

2 Las opiniones

a Escucha y empareja las opiniones **1–6** con **a–h**.

Ejemplo **1 b**.

a No deberíamos comprar productos que han sido probados en animales.

d Deberíamos boicotear los zoos.

b Sería mejor no comprar huevos de granja.

e Sería mejor no llevar pieles.

c Sería mejor no comer carne.

f Deberíamos prohibir el tráfico de animales exóticos.

b Escucha otra vez. Empareja cada opinión con la expresión correcta.

Ejemplo **1** ¡Es una barbaridad!

¡Es cruel!

¡Es imperdonable!

¡Es inaceptable hoy en día!

¡Es una barbaridad!

¡Es inhumano!

¡Es una falta de compasión!

3 ¿Es importante?

Haz una encuesta en la clase. Utiliza el cuadro.

Ejemplo

	Es importante	No hay nada malo	No es importante
prohibir la caza	✔		
boicotear los zoos			

4 ¿Qué opinas?

Trabaja con tu pareja. Pregunta y contesta. Utiliza el cuadro.

A ¿Sería mejor prohibir la caza?

Para mí, sí. Deberíamos prohibir la caza.

B Para mí, no es importante prohibir la caza. ¿Y para ti?

| para mí, sí | para mí, no |

 Incorpora las frases de la actividad **2b**.

Táctica

el (tráfico) es (una barbaridad) → sería mejor prohibir**lo**

la (caza) es (inhumana) → sería mejor prohibir**la**

¿Qué deberíamos hacer?	(No) Deberíamos	prohibir	la caza. el tráfico de animales exóticos.
	Sería mejor	boicotear	los zoos. los circos.
	¿Qué opinas de …?	(no) comprar	chaquetas de pieles. productos biológicos que han sido probados en animales.
	No hay nada mal en		
	(No) Es importante	(no) comer	carne. huevos caseros / granja.

5 Los títulos confusos 📖 ✏️ Ⓓ

Begoña prepara un artículo sobre los derechos de los animales. Pero los títulos están confusos.

a Empareja cada título con el párrafo correcto. ¡Sobra un título!

Ejemplo **1 f**.

a
| Es importante prohibir la caza |

c
| En contra de las pieles |

e
| ¿Os gustaría ir al circo? |

b
| Los productos de belleza – sin crueldad hacia los animales |

d
| ¿Granja o casa? |

f
| El tráfico de los animales exóticos – ¿bueno o no? |

¿Somos cariñosos con los animales, o no?

1
Hoy en día muchas personas prefieren tener un animal doméstico. Pero en mi opinión es una barbaridad llevar a los animales de su entorno natural. Pasar mucho tiempo en avión o en barco es cruel, porque los animales están enjaulados y a veces viajan en malas condiciones.

2
Es una falta de compasión tener un animal enjaulado, sin espacio propio, ¿verdad? Las gallinas enjauladas no están contentas, pero muchas personas continúan comprando sus huevos. ¿Por qué? Porque son menos caros.

3
Probar los productos de belleza en animales es muy cruel y no es necesario. Sería mejor no comprarlos. Hay que leer la etiqueta antes de comprar el producto. Se pueden comprar muchos productos orgánicos que son muy buenos.

4
En Europa la caza de pájaros y pequeños animales es muy popular. No estoy a favor – es inaceptable. Deberíamos prohibirla. Los pobres animales tienen miedo. Además hoy en día muchos animales están en peligro de extinción.

5
… Estos animales están muchas veces en malas condiciones – están enjaulados, y no tienen compañía ni espacio propio. También son explotados porque tienen que bailar o jugar para el público. Es importante boicotear los circos que tienen animales.

b ♣ Prepara el párrafo que falta. Utiliza el cuadro de la página 133.

| 9.7 | Prueba: ¿Qué animal eres? | 9.8 | Chistes |

6 ¿Qué harías?

a Lee los sueños de Tomás …

b En los sueños de Isabel rellena los espacios en blanco con las palabras apropiadas.

Si fueras Ministro para la defensa de los animales, Tomás, ¿qué **harías**?

Prohibiría el tráfico de animales exóticos porque muchas veces los animales están en malas condiciones.

No me **gustaría** usar productos que han sido probados en animales sino siempre compraría productos orgánicos.

No **comería** huevos de granja. **Preferiría** comprar huevos caseros. **Lucharía** también para mejores condiciones en las granjas.

No solamente **boicotearía** los circos y los zoos en mal estado, sino también los **prohibiría**.

¿Y tú, Isabel? ¿Qué **harías**?

Si yo fuera Ministra para la defensa de los animales, ¿qué **haría**?

No estoy en contra de todos los zoos, pero _____ los zoos en mal estado.

_____ también para mejores condiciones en los circos.

Estoy en contra del tráfico de pieles, y no _____ chaquetas de pieles porque no me _____ llevarlas.

No _____ carne ni pescado. _____ comer verduras y frutas.

_____ la caza de animales salvajes porque hay muchos animales en peligro de extinción.

| boicotearía | compraría | comería | Prohibiría | gustaría | Preferiría | Lucharía |

7 ¿Y tú? 9.10

Si fueras Ministro/a para la defensa de los animales, ¿qué harías? Trabaja con tu pareja.
Utiliza la conversación en la actividad 6 como modelo. Graba tu conversación.

9.9 Táctica: lengua   9.10 Si fueras … ¿qué harías?

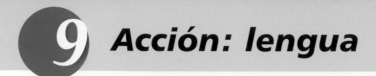

Acción: lengua

Negatives, commands, adverbs

• *Negatives*

In Spanish, a sentence is made negative by placing *no* before the verb. E.g. **No** es su libro. *It is not his book.*
Here is a list of other negative words:

nada	*nothing*	e.g. No leo nada.		*I'm not reading anything*
nadie	*nobody*	e.g. No hay nadie aquí.		*There is nobody here.*
nunca	*never*	e.g. Nunca va a la playa.		*He never goes to the beach.*
jamás	*never (ever)*	e.g. Jamás le ven.		*They never ever see him.*
ningún/o/a/os/as	*no (not any)*	e.g. Ninguna de las películas les gusta.		*He/She does not like any of the films.*
ni … ni …	*neither…nor …*	e.g. Ni su hermana ni su hermano tiene coche.		*Neither her sister nor brother has a car.*

1 Write a negative word from the list in each space, then translate the sentences into English.

　1　___ voy a fumar.
　2　Esta mañana no tomé ___ para el desayuno.
　3　Fue al polideportivo pero no había ___ .
　4　No van ___ a la fiesta ___ a la barbacoa porque están enfermos.
　5　No olvidarás traer ___ de los vestidos, ¿verdad?
　6　No bailamos ___. ¡Qué pena!

2 ◈ Translate the following into English.

　1　No tengo nada que declarar.
　2　Nadie fui a la piscina hoy.
　3　Nunca van de compras los domingos.
　4　No comerán carne jamás.
　5　¡Ningún libro aquí es barato!
　6　¡No vais ni al parque ni al cine!

• *The Imperative*

The imperative is the form of the verb used to give orders or commands. E.g. Open the window, please.
To form a **positive informal command**:
To tell one person what to do (*tú*), use the third person singular of the indicative, e.g. **habla** (*speak*).
To tell more than one person what to do (*vosotros/as*), change the final 'r' of the infinitive to a 'd', e.g. **hablad**.
To form a **negative** or **formal command**, use the subjunctive form.

	-ar		-er		-ir	
tú (You, singular)	Canta	*Sing*	Lee	*Read*	Vive	*Live*
usted (Subjunctive, singular)	(No) Cante	*(Don't) Sing*	(No) Lea	*(Don't) Read*	(No) Viva	*(Don't) Live*
nosotros/as (Subjunctive, plural)	Cantemos	*Let's sing*	Leamos	*Let's read*	Vivamos	*Let's live*
vosotros/as (You, plural)	Cantad	*Sing*	Leed	*Read*	Vivid	*Live*
ustedes (Subjunctive, plural)	(No) Canten	*(Don't) Sing*	(No) Lean	*(Don't) Read*	(No) Viva	*(Don't) Live*

3 ◈ Change the verbs in brackets to make positive informal commands, then translate into English.

　1　(Correr) dos veces a la semana en el parque.
　2　(Comer) más fruta y verduras.
　3　(Andar) al colegio cada día.
　4　Durante el fin de semana (montar) a bicicleta en vez de ver la televisión.
　5　(Beber) agua y zumos naturales.
　6　(Evitar) el estrés.

4 ♣ Select the correct form of the verb and then translate the commands into English.

　1　(tú) ¡Trabaja / Trabaje más en casa!
　2　(tú) No me contestes / conteste así.
　3　(usted) No teme / tema. Estaré a tiempo.
　4　(usted) ¡Vive / Viva en España! Es un país precioso.
　5　(vosotros/as) Cerrad / Cierren la ventana, hace mucho viento.
　6　(ustedes) No me escriban / escriben por correo electrónico, mi ordenador está roto.

5 ♣ Make up some commands using the following.

　1　No (tú) <u>comer</u> carne a menudo.
　2　Niños, no (vosotros/as) <u>escribir</u> nunca con lápiz.
　3　Señor Jones, (usted) <u>tomar</u> el taxi a las nueve y media.
　4　Siempre (ustedes) <u>empujar</u> las puertas en vez de tirarlas.

• *Formation of adverbs ending in* **-mente**

Remember: to form an adverb you must make the adjective feminine, e.g. **larga**, and then add **-mente**.

Adjectives **ending** in **-o**	-o → -a	Add -mente
rápido (quick)	rápida	rápida**mente** quickly
lento (slow)	lenta	lenta**mente** slowly
cierto (certain)	cierta	cierta**mente** certainly
seguro (sure)	segura	segura**mente** surely
estricto (strict)	estricta	estricta**mente** strictly
cuidado (care)	cuidada	cuidada**mente** carefully

Adjectives **not** ending in **-o**	Add -mente
probable (probable)	probable**mente** probably
fácil (easy)	fácil**mente** easily

6 ◊ Change the adjective in brackets (if there is one) to its corresponding adverb.

◄ página 130 Irregular adverbs

E.g. **1** probablemente.

1 ¿Vas a ir a la playa? (Probable)… *Probably*.
2 ¿Vas a apagar la luz? (Cierto)… *Certainly*.
3 ¿Vas a utilizar gasolina sin plomo? (Posible)… *Possibly*.
4 ¿Vas a ducharte en vez de bañarte? *Occasionally*
5 ¿Vas a tirar basura en los ríos? *Never*.
6 ¿Vas a ahorrar energía? *Often*.

7 ♣ Put the words from each of the following sentences into the correct section of the grid.

1 No hable lentamente.
2 No conduzca nunca rápidamente.
3 Siempre cierra la puerta con llave.
4 Señores, cenen ustedes a las diez en el comedor tranquilamente.
5 Doblad la esquina lentamente.
6 No envié jamás cartas a esa dirección.
7 Alumnos: Usad raras veces los diccionarios.

	Positive command	Negative command	Adverb	Negative word(s)
1		hable	lentamente	No
2				

8 ◊ Write the adverbs correctly in Spanish, then translate the whole sentences into English.

1 Los aviones vuelan (*quickly*).
2 Las tortugas andan (*slowly*).
3 En la biblioteca habla (*quietly*).
4 Mi equipo de fútbol favorito juega (*badly*).
5 ¡Aprobarás el español (*easily*)!

♣ Make up six sentences of your own in Spanish, all including adverbs.

• Often, the **-mente** form is avoided in Spanish by using adverbial phrases. One way of doing this is to use the preposition **con** (with) with a noun.
E.g. alegremente = con alegría (*happily* = with *happiness*)
violentamente = con violencia (*violently* = with *violence*)

9 ♣ Translate the following adverbs into Spanish. For each use *con* and the correct word from the list.

E.g. **1** con paciencia.

1 patiently
2 calmly
3 carefully
4 ironically
5 enthusiastically
6 frequently

| paciencia | calma | cuidado |
| entusiasmo | ironía | frecuencia |

10 Opiniones

10A ¿Qué tipo de película prefieres?

You will learn:
- to say what kind of films you do and don't like
- to explain your preferences

¿Vamos al cine?

Sí. ¿Qué tipo de película te gusta, Tomás?

1
¿Las películas románticas? ¡No!

2
¿Las películas históricas? No.

3
¿Las películas policíacas? Mmm …

4
¿Las películas de aventuras? Sí.

5
¿Los westerns? No.

6
¿Las películas de ciencia ficción? Sí.

7
¿Las películas de terror? Hmm …

8
¿Las comedias? Sí.

9
¿Las películas de guerra? ¡No!

10
¡Los dibujos animados! ¡Sí! Me encantan.

Pues a mí también me encantan.

1 Las películas

a Escucha y lee la conversación entre Maite y Tomás.

b ¿Se pueden identificar las películas por su música y sus efectos especiales?

Escucha los fragmentos **1–8** y escribe qué tipo de película representan.

Ejemplo **1** las comedias.

2   ¿Qué opinan los amigos?

Escucha la conversación entre Gary, Maite, Tomás e Isabel. Empareja correctamente las dos partes de las frases.

Ejemplo **1 b**.

Apunta también el nombre de la persona que lo dice.

Ejemplo **1 b**, Gary.

1	♥ ♥	Me encantan ...	**a**	... las películas de guerra
2	♥ ♥	Me chiflan ...	**b**	... las películas de terror
3	♥	Me gustan ...	**c**	... los dibujos animados
4	😐	No están mal ...	**d**	... las películas románticas
5	✖	No me gustan ...	**e**	... los westerns
6	✖ ✖	Odio ...	**f**	... las comedias
7	✖ ✖	No aguanto ...	**g**	... las películas policíacas

3   ¿Y tú?

Trabaja con tu pareja. Da tu opinión sobre las películas.

Utiliza las expresiones **1–7** de la actividad 2.

Utiliza otras expresiones que conoces.

A ¿Te gustan las películas de terror?

B Sí, ¡me chiflan!

A ¿Qué te parecen las películas de terror?

B ¡No aguanto las películas de terror!

¿Te gustan ...	las películas de (guerra)?
¿Qué opinas de ...	los dibujos animados?
¿Qué te parecen ...	los westerns?

4   ¿Qué tipo de película es?

Haz una lista de cinco películas que te gustan (o no). ¿Qué tipo de película son?

Ejemplo Me gusta *El quinto elemento* – es una película de ciencia ficción.

Lee los títulos de las películas famosas **1–7**: ¿cómo se traducen en inglés, y qué tipo de película son?

Ejemplo **1** *Gangs de Nueva York* es un western (o una película de guerra).

1 Gangs de Nueva York

2 Solaris

3 La edad de hielo

4 Hannibal

5 Misión imposible

6 Atrápame si puedes

7 Lejos de cielo

5 **Repaso** ¿Por qué? 📖 ✏️

a ◆ Lee las opinones **1–6**. ¿Cómo se dicen en inglés las palabras <u>subrayadas</u>?

Ejemplo **1** <u>interesantes</u> = interesting.

1
Me encantan los westerns: son <u>interesantes</u>.

4
No aguanto las películas de terror: son <u>estúpidas</u>.

2
No me gustan los dibujos animados: son <u>aburridos</u>.

5
Me gustan las películas policíacas, porque son <u>divertidas</u>.

3
Me gustan las películas de aventuras porque son <u>emocionantes</u> y de acción <u>rápida</u>.

6
No están mal las películas románticas, pero son de acción muy <u>lenta</u>.

b ◆ ¿Estás de acuerdo con las opiniones **1–6** de arriba? Apunta tu opinión personal.

Escribe ✓ **estoy de acuerdo** o ✗ **no estoy de acuerdo**.

c ♣ Copia y completa el cuadro de la derecha: mira las opiniones **1–6** de arriba.

¡Las películas sobre la naturaleza son súper interesantes!

los (westerns) son ...	pero	**las** (comedias) son ...
aburrid_ _		aburrid**as**
divertid**os**		divertid_ _
estúpid**os**		estúpid_ _
interesant_ _		interesant**es**
emocionant**es**		emocionant_ _
de acción rápid**a**		de acción lent**a**

▶▶ Gramática 7

6 ¿Qué opinas tú? ✏️

◆ Explica qué tipo de película te gusta o no te gusta, y por qué. Utiliza las opiniones de la actividad 5 como modelo.

¿Qué tipo de película prefieres?		
Me encantan / Me chiflan	las películas de aventuras.	las películas históricas.
No están mal	las películas de ciencia ficción.	las películas policíacas.
(No) Me gustan	las películas de guerra.	las películas románticas.
Odio	las películas de terror.	los dibujos animados.
No aguanto	las comedias.	los westerns.

7 ¿Qué te parece la película?

La película de Harry Potter y la cámara de los secretos.

Las aventuras del héroe infantil creado por la escritora británica, JK Rowling sigue con el estreno – *Harry Potter y la cámara de los secretos.*

Mantiene a pequeños y mayores pegados a las butacas durante casi tres horas. *La cámara de los secretos* es una película de miedo, donde aparecen nuevos malos que guardan relación por lo que llegará en próximas entregas.

Lo peor para mí era la duración de la película. ¡Tres horas, en mi opinión, es demasiado! Lo que más me gustó, eran los efectos especiales, ¡aunque a veces estaba un poco nerviosa! Los vestuarios junto con la música eran otra vez estupendos. La película era muy divertida y tengo muchas ganas de ver la próxima.

♣ Lee el resumen de arriba. Luego copia y rellena la ficha.

La autora es …
La película se llama …
Dura …
Clase de película …
Opinión …

10.1	◊ ♣ Una encuesta sobre el cine
10.2	◊ ♣ Las películas y los gustos

8 Te toca a ti

♣ Escribe un párrafo sobre una película que viste y te gustó (o no), y explica por qué.

… es una película Es una película … Sí me gustó mucho …	porque es	de terror / acción … regular / fatal / buenísima. fantástica / divertida / cómica / romántica / graciosa.
Está llena de acción.		
Los efectos especiales son No me gustó (nada)	porque (es)	asombrosos / increíbles. aburrida / demasiado larga / no es mi tipo de película.
La música / La ropa era …		
El argumento / La historia es		débil / flojo/a.
Trata de las aventuras del héroe infantil … (No) Es fácil entender. Empieza / Termina con …		
Los personajes principales son	buenos / fantásticos / tontos.	

You will learn:
- to say what a film is about
- to give your opinion on a film
- to explain why you liked something or not

Gary mira la teleguía.

Isabel, ¿qué quieren decir estos símbolos en español?

Vamos a ver, Gary ...

1 un secuestro

2 un robo

3 un atentado

4 un viaje

5 un chantaje

6 una misión secreta

7 una amistad

8 una historia de amor

9 una misión científica

10 una lucha entre el bien y el mal

11 vampiros

12 fantasmas

1 ¿De qué se trata?

a Escucha y lee con Isabel y Gary.

b Juego de memoria con tu pareja o en grupo. Primero, mira los símbolos 1–12 atentamente: ¡tienes tres minutos!

◆ A empieza la expresión. B la termina.

A
Se trata de un at ...

B
¡Un atentado!

♣ A dice un número. B dice de qué se trata en español.

A
¡Número tres!

B
Se trata de un atentado.

2   ¡Vete al cine! 🎵 [10.3]

Canta la canción con la clase.

3   Cuéntame 🎧 📖

a   Escucha y lee la historia.

b   Rellena los espacios en blanco en el comentario de Maite.

Ejemplo **1** Fui.

...**1**... al cine con Tomás y ...**2**... la película 'La Dama y el Vagabundo' de Walt Disney. Se ...**3**... de un perro y una perrita: ...**4**... una historia de amor. Me ...**5**... mucho – ...**6**... muy bonita.

> gustó
> es
> Fui
> era
> trata
> vi

[10.3] ¡Vete al cine!

4 La teleguía

Lee los detalles de las películas. Utiliza la Táctica. ¿Qué tipo de película es?, y ¿de qué se trata? Copia y completa la Guía Rápida.

GUÍA RÁPIDA

Título	Tipo de película	Se trata de ...
Nada	película de aventuras	un secuestro

Táctica

Try not to use a dictionary!

Find the words that look similar to ones that you already know.

secuestrar > secuestro

aventurero > aventura

Los estrenos de la semana

Martes 10.30, TV-3

Nada

Un pequeño grupo aventurero y anarquista quiere secuestrar al embajador de los Estados Unidos en Francia. Película de acción dirigida por Claude Chabrol.

Miércoles 22.00, Canal Sur

Un pez llamado Wanda

Película norteamericana-británica de gran éxito, con la colaboración del director Charles Crichton. Los miembros de una banda – compuesta por algunos cómicos del grupo

Monty Python – intentan robar joyas. Argumento extraño pero divertido.

Jueves 22.30 Tele 5

El paciente inglés

Una relación amorosa se desarrolla en el desierto. Guión magnífico, música encantadora. ¡Para no perdérsela!

Viernes 21.40, Antena 3

La guerra de las galaxias

Historia escrita, dirigida y producida por George Lucas, origen de la saga continuada en *El imperio contraataca, y El*

retorno del jedi. Con estupendos efectos especiales en esta historia del enfrentamiento entre el bien y el mal en un mundo futuro.

Sábado 19.30 TVG

Único testigo

Un niño es testigo accidental de un asesinato en los lavabos de una estación de tren en Nueva York. Señala a un policía corrupto. De repente, todos corren peligro. El único refugio es la comunidad Amish del niño y de su madre. Un final de los cardiacos. Sencilla y terriblemente efectiva.

5 Te toca a ti

Prepara tus respuestas personales a las preguntas **1–4**. Entrevista a tres o cuatro amigos/as y contesta a sus preguntas.

1 Cuéntame algo de la última película que viste.

Vi ...

2 ¿De qué se trata?

Se trata de ...

3 ¿Te gustó?

Sí / No ...

4 ¿Cómo era?

Era ...

Cuéntame algo de la (última) película (que viste).	Vi *(Drácula)*.
¿De qué se trata?	Se trata de ... / Es la historia de ...
¿Te gustó?	Me gustó un poco, bastante, mucho.
¿Cómo era?	Era (muy) divertida, bonita, extraña ...

10.4 ¿Cómo es la película?   10.5 La violencia en el cine

6 Poco, mucho, suficiente, demasiado

a ♣ Lee la información sobre las películas y las opiniones de los jóvenes: ¿de qué película hablan?

Ejemplo Catalina *Calma total.*

> *No me gustó la película, porque – a mi parecer – había <u>demasiada música</u> y <u>no suficientes personajes interesantes</u>. Rosario*

> *Personalmente, no me gustó la película. Tenía <u>mucha acción</u> y <u>mucha violencia</u>, pero tenía <u>poco argumento</u>. Jorge*

> *A mí, me gustó. En la nueva versión – con sus <u>muchos efectos especiales</u> – había <u>suficiente humor</u>. ¡Me chiflan los robots! Manolo*

> *En mi opinión, había <u>demasiado sexo</u> y <u>demasiada violencia</u>: no me gustan las películas de este tipo. Íñigo*

> *A mi modo de ver, había <u>demasiado diálogo</u> y <u>demasiada emoción</u>, y <u>no suficiente acción</u>. Catalina*

Evita

Drama 145 min
Drama musical con Madonna en el papel de Evita Perón, primera dama de la Argentina. Un escaparate para la cantante americana, sin ninguna revelación nueva de Evita. Poca caracterización. Para adolescentes aburridos y fans de Madonna.

♥♥ | ● | | ■
AMOR VIOLENCIA HUMOR SEXO

Doble cuerpo

Película de terror 110 min.
Un joven actor en paro observa con su telescopio los bailes insinuantes de una joven que vive en el piso de enfrente. Este juego inocente se convierte en tragedia cuando el actor ve a alguien asesinar a la joven y él, ante la imposibilidad de encontrar el cuerpo de la víctima, no es creído por la policía.

♥♥ | ●● | | ■■
AMOR VIOLENCIA HUMOR SEXO

El imperio contraataca

Ciencia ficción 135 min.
La segunda parte de la serie *La guerra de las galaxias* con todos vuestros personajes favoritos, incluyendo los famosos cómicos C3PO y su compañero constante R2D2.

♥ | ●● | ● |
AMOR VIOLENCIA HUMOR SEXO

Cuatro chicas en acción

Acción 90 min
Detrás de una cadena internacional de gimnasios, hay una organización dedicada a resolver casos criminales y terroristas. Cuatro guapas profesoras de aeróbica forman un comando especializado en secuestros. Historia muy floja. Totalmente prescindible.

♥ | ●● | |
AMOR VIOLENCIA HUMOR SEXO

Calma total

Película de terror 93 min.
Una pareja está de viaje en un velero para olvidarse de la trágica muerte de su pequeño hijo en un accidente de automóvil. En alta mar socorren a un extraño joven, lo que desencadena emociones fuertes. Película de terror psicológico e inquietante con Nicole Kidman.

♥♥ | ●● | | ■
AMOR VIOLENCIA HUMOR SEXO

b ♣ Lee las opiniones de los jóvenes otra vez. ¿Las expresiones <u>subrayadas</u> son positivas o negativas? Haz dos listas.

7 A mi parecer

♣ Escribe un resumen de una película. Incluye una descripción de los personajes y la historia.

Ejemplo

> *El fin de semana pasado fui con mi amiga Kate al cine en el centro de Stockport. Vi **La guerra de las galaxias episodio 2: El ataque de los clones.** Es una película de ciencia ficción que trata de la corrupción o lo que se describe como 'el lado oscuro'. Es una lucha entre el bien y el mal. En mi opinión, era divertida y emocionante.*

En mi opinión / Personalmente / A mi modo de ver ...			
tenía	poco, mucho, suficiente, demasiado		argumento, diálogo, humor, sexo
había	poca, mucha, suficiente, demasiada		emoción, violencia, acción, música
	pocos, muchos, suficientes, demasiados		efectos especiales, personajes interesantes
La historia comienza / termina		hace 10 años / en un pueblo en los Estados Unidos / con un sueño	
Los personajes principales se llaman ...			

You will learn:
- to say what you like to watch on television
- to give your opinion on television and books
- to explain why you enjoyed a book or film

Tomás, Isabel y Gary están mirando la tele. ¿Están de acuerdo?

¿A qué hora ponen EastEnders, Gary?

Ahora mismo en Sky Uno.

Hola Phil, ¿qué pasa?

Nada. Tengo que ver a mi madre, está enferma.

¡Ay! ¡Qué pena! Ayer la encontré en la plaza y me dijo que tenía dolor de cabeza. Dile que espero que se mejore pronto.

Gracias, me voy, nos vemos.

Oye tío, ¿dónde estás? Todo está listo desde ayer. ¿Dónde estabas esta mañana? Te esperé más de una hora. No estoy contento ...

¿Te gusta Phil Mitchell como actor, Gary?

Pues yo no aguanto su personaje pero pienso que es un actor buenísimo.

A mí me encanta esta telenovela. Lo que más me gusta es la acción. Nunca te aburres.

Yo nunca saldría con una persona como él, es malísimo y además es mentiroso.

Los personajes principales siempre están en medio de una crisis que a veces te pone triste.

Estoy de acuerdo contigo. Prefiero las comedias como 'Friends', me hacen reír y creo que Jennifer Aniston es graciosísima.

1 ¿Te gustan las telenovelas?

a Lee y escucha.

b Escucha otra vez. ¿Verdad (V) o mentira (M)?

1 La madre de Kat está enferma.

2 Phil habla en su teléfono móvil.

3 Gary piensa que Phil actúa malísimo.

4 Tomás prefiere las comedias a las telenovelas.

5 Isabel admira a Phil.

6 A Isabel le encantan las comedias.

2 Una carta a *Telechat* 📖 ✏️

Gary escribe unas palabras a la revista *Telechat*. Elige las palabras correctas.

Ejemplo **1** inglesa.

¡Hola amigos de Telechat! Recientemente vi una telenovela (inglesa / francesa) muy famosa que se llama EastEnders. Se pone cuatro veces a la semana en canal (uno / dos) en Inglaterra. Trata de unas (familias / amigas) que viven en La Plaza de Alberto. Uno de los actores principales se llama Phil y es una persona (honrada / poco honrada). A mi amigo Tomás (le encanta / no aguanta) el programa porque piensa que es (aburrido / emocionante). Tomás dice que lo peor es que los personajes siempre están (contentos / tristes).

3 Te toca a ti 💬

Clasifica cada programa con tu pareja y contesta a sus preguntas.

Ejemplo

A Bueno, empezamos: The Simpsons es ...

B Un dibujo animado.

A Muy bien ¿Te gustan **los** dibujos animados?

B Sí, me encantan porque **son** divertidos.

The Simpsons	un programa matinal (los programas matinales)
The Saturday Show	un dibujo animado (los dibujos animados)
Top of the Pops	un concurso (los concursos)
Fame Academy	una telenovela (las telenovelas)
Who wants to be a millionaire?	un programa musical (los programas musicales)
Dawsons Creek	una comedia (las comedias)
Friends	un concurso musical (los concursos musicales)

(No) Me interesa(n)		es / son	gracioso(s), divertido(s), aburrido(s).
Me encanta(n)		me aburren / me divierten.	
Me chifla(n)		nunca te aburres.	
Me gusta(n)	porque	me pone(n)	triste / de mal humor / alegre.
No está(n) mal		me hace(n)	reír / llorar.
No aguanto		me da(n) miedo.	
Odio ... / Prefiero ...		creo que X	es un actor buenísimo / graciosísimo.

4 *Operación Triunfo* – un concurso musical

Operación Triunfo es una iniciativa basada en los sueños de un grupo de jóvenes. Nos muestra la importancia de valores como el esfuerzo diario, la disciplina, la autoestima, la capacidad crítica, el tesón, la convivencia, la disposición a aprender, la comunicación, el trabajo en grupo, y la expresión de sentimientos, entre otros, para que esos sueños se hagan realidad.

Este año, se presentaron a los castings de *Operación Triunfo* ¡más de 80.000 personas! La búsqueda de estos jóvenes talentos musicales tuvo lugar en Barcelona, Valencia, Granada, Sevilla, Madrid, Oviedo, Bilbao, Las Palmas de Gran Canaria, Santiago de Compostela y Palma de Mallorca.

Entre todas las personas que se presentaron a los castings, se seleccionaron a los 24 finalistas de los cuales 16 ingresarán durante tres meses en la Academia y los ocho restantes quedan como reservas por si alguien abandona o es expulsado de la Academia.

Se trata de un *Centro de Alto Rendimiento* para cantantes situado en Barcelona y creado para mejorar el nivel técnico, artístico y profesional de los alumnos.

Contesta a las preguntas en inglés.

1 Name any four qualities that are encouraged by *Operación Triunfo*?
2 To what do the numbers 80,000, 24 and 16 refer?
3 What took place from Barcelona to Majorca?
4 How long do contestants spend in the Academy?
5 How many reserves are there?
6 Name the two circumstances under which a reserve would be called upon?
7 What three things does the *Centre for High Achievement* hope to bring out in its pupils?

How to say 'a great deal', 'enormously'		⏩ Gramática 41	
m/f singular		**m/f plural**	
aburrid**ísimo/a**	*very / extremely boring*	buen**ísimos/as**	*very / extremely good*
emocionant**ísimo/a**	*very / extremely emotional*	grand**ísimos/as**	*very / extremely big*

5 Adjetivos

Mira las palabras *en cursiva*. Forma el adjetivo correcto, luego escribe una frase entera.

Ejemplo El hombre es viejísimo.

El hombre (m)	viejo	viej _ _ _ _ _
La comida (f)	bueno	buen _ _ _ _ _
El colegio (m)	moderno	modern _ _ _ _ _
La geografía (f)	fácil	fácil _ _ _ _ _
La película (f)	emocionante	emocion _ _ _ _ _ _ _ _
Las películas (f pl)	aburrido	aburrid _ _ _ _ _ _
Los libros (m pl)	bueno	buen _ _ _ _ _ _
Los deberes (m pl)	difícil	dificil _ _ _ _ _ _
Las drogas (f pl)	malo	mal _ _ _ _ _ _

6 ¡Me gustó muchísimo!

Con tu pareja, practica estas conversaciones. Cambia las palabras subrayadas.

A *Viste The Hours ayer en el cine, ¿no? ¿Te gustó?*

B *Sí, ¡fue emocionantísima!*

¿Te gustan las películas románticas?

No, son aburridísimas.

Gangs de Nueva York	*Solaris*	*Hannibal*
La edad de hielo		**Misión imposible**
Atrápame si puedes		**Lejos de cielo**

7 Mi programa de televisión preferido

Escribe un resumen de un programa como 'Neighbours' (*Los Vecinos*) o 'Pop Idol' (*Operación Triunfo*).

Es ... una telenovela / un programa musical / un concurso ...	
Está basado/a en ...	It's based on ...
(Matt) juega el papel de ...	(Matt) plays the part of ...

8 ♣ El señor de los anillos 📖

a   ¿Cuál es tu libro favorito? Lee el correo electrónico de Guillermo.

■	Fichero ➡	Nuevo ⬅	Imprimir	Instrumentos

¡Hola lectores!

El señor de los anillos – para mí tiene que ser el mejor libro que jamás he leído. Cuenta la historia de dos hobbits: Frodo, y su fiel compañero Sam. El cuento trata de su épico viaje. Tiene lugar en Middle-earth y de vez en cuando se encuentran en unas situaciones arriesgadas.

Preferí el libro porque lo leí antes de la salida de la película. Por eso, pienso que el libro es mejor que la película porque encuentras más detalles y usas tu imaginación. Para mí es más divertido leer que verlo en la pantalla. Se puede leer el libro varias veces y cada vez encontrarás algo nuevo para gozar.

La historia de que hablo es una aventura y te llevará a sitios extraordinarios. Se puede identificar con los personajes principales cuyas emociones y temores son los de las pesadillas de cada jovencito – peligro y monstruos en la oscuridad.

¿Y tú? Cuéntame algo sobre tu libro favorito.

Guillermo.

b   Empareja las preguntas con las respuestas.

Ejemplo **1 b**.

1   ¿Cómo se llaman los personajes principales en el libro?
2   Según el texto, ¿cómo es Sam de compañero?
3   ¿Cuál es la opinión de Guillermo, el lector, sobre el épico?
4   ¿Por qué piensa que el libro es mejor que la película?
5   ¿Qué tipo de libro dice que es?
6   ¿Quién puede identificarse con los personajes?

a   Es un libro de aventuras.
b   Sus nombres son Frodo y Sam.
c   Los jóvenes se pueden identificar con los protagonistas.
d   De amigo Sam es leal.
e   Dice que es su libro favorito.
f   Piensa que es algo que se puede leer y disfrutar un montón de veces.

9   Mi libro favorito ✐

Escribe algo sobre tu libro favorito desde tu niñez.
Usa las frases en el cuadro para ayudarte.

Cuando era joven …

Mejor *better*
Es el **mejor** libro. *It is the best book.*
Peor *worse*
Es la **peor** película. *It is the worst film.*

Mi libro favorito tuvo que ser / fue …	*My favourite book had to be / was …*
Trató de …	*It was about …*
El personaje principal se llamó …	*The main character was called …*
Los personajes principales fueron (a) …	*The main characters were / went to …*
La historia / leyenda tuvo lugar en …	*The story / tale took place in …*
Me gustó porque era …	*I liked it because it was …*
Es el mejor / peor libro que …	*It's the best / worst book that …*

`10.6` ◆ ♣ Práctica: lengua

`10.7` Repaso: ¡cuánto sabes! (1°)

`10.8` Repaso: ¡cuánto sabes! (2°)

- To add emphasis to an adjective or to say something is 'extremely' or 'very' good, big, bad, easy, etc., use an adjective with -**ísimo(s)** / **ísima(s)** added onto the end.

  E.g. Take an adjective (a describing word) which ends in 'o', such as *bueno*, take off the 'o', leaving *buen* and add -**ísimo/a**.

  buen + ísimo/a = **buenísimo/a**   *very good*

  Note that if the adjective does not end in 'o', just add -**ísimo/a**.

  E.g. facil + ísimo/a = facilísimo/a.

1 ◊ Fill in the grid using the example as a model.

E.g.	malo	bad	malísimo	very bad
1	lento			
2	perezoso			
3	aburrido			
4	divertido			
5	difícil			
6	popular			

2 ◊ Select the correct option from the brackets. Then write out each sentence in English.

E.g. La comida es **riquísima**. *The food is very rich.*

1 Raúl es un futbolista (buenísimo / buenísima).
2 Mi peor asignatura es la geografía, es (dificilísimo / dificilísima).
3 La película, *El señor de los anillos* era (divertidísimo / divertidísima).
4 El gato de mi tía es (perezosísimo / perezosísima).
5 Alejandro Sanz es cantante (popularísimo / popularísima) en España.
6 Mi abuela no conduce deprisa, iva (lentísimo / lentísima)!

- **Relative clauses**

  To make an extended sentence in Spanish, you frequently need to use the word *que* ('that', 'which'). In English, it is not always necessary to include the word; in Spanish it is.

  E.g. Ésta es la casa **que** sus padres compraron.   *This is the house (**that**) his parents bought.*

3 ◊ Write out the following sentences in English.

1 La persona que habla es mi profesora de inglés.
2 El autobús que llega ahora viene de Mánchester.
3 El país que quiero visitar es Perú.
4 El gorro que compré ayer está muy de moda.
5 ¡La actriz que vi en la calle era Julia Roberts!
6 Lo que más me gusta hacer en el verano es ir a la playa.

4 ♣ The *que* in each of the following sentences has been omitted. Where should it go?

1 El monopatín mi hermano compró la semana pasada costó muchísimo.
2 La película mis amigos vieron ayer era fantástica.
3 La revista *Ragazza* mi hermana leyó ayer era española.
4 El libro más me gusta es *Harry Potter y la piedra de la filosofía.*
5 La característica no aguanto es la impaciencia.
6 ¡El chico come la hamburguesa es guapísimo!

- You can also use **quien** or **quienes** after the prepositions **con** and **de** when a person (or people) is being referred to.

  E.g. La chica **con quien** habla es mi novia.   *The girl **with whom** he / she is speaking is my girlfriend.*
  El chico **de quien** hablabas acaba de llegar.   *The boy **about whom** you were speaking has just arrived.*
  Los gatos **con quienes** juega son míos.   *The cats **with whom** he / she is playing are mine.*

5 ♣ Make up some sentences using the following words and *con quien*, *de quien* or *que*.

1 el hombre / trabajar
2 las mujeres / viajar
3 los nietos / ir de vacaciones
4 la cinta de la cantante Jennifer López / escuchar
5 la mujer / jugar al hockey
6 el reloj / comprar

Queridos lectores:

¡Bienvenidos a esta edición de vuestra Revista favorita *Canalcine*! Este es el mes más importante en el calendario de 2003 de los guapos famosos. En España tenemos los Premios Goyas, en Inglaterra los Premios Baftas, y claro en Los Estados Unidos los Premios Oscar.

En los Premios Goya, que otra vez tuvo lugar en la capital española, hubo una buena sorpresa para el cineasta Fernando León de Aranoa. Su tercera película *Los lunes al sol*, que cuenta la historia de un grupo de hombres en paro del norte de España, ganó el premio de mejor película del año. Javier Bardem, uno de los actores principales del reparto, ganó el premio de mejor actor por su emocionante interpretación. La ganadora del premio 'mejor actriz', fue Mercedes Sampietro por su interpretación en la película *Lugares comunes*.

El Pianista, que se está convirtiendo en una de las películas más aclamadas de este año, ganó el premio de mejor película europea. Merece también mencionar que *800 Balas* ganó en la categoría de efectos especiales.

La gran sorpresa de la noche fue la falta de premios para Pedro Almodóvar, el cineasta más famoso de España – su consolación fue ganar un premio en los Baftas por su película *Hable con ella*.

Vosotros los lectores tenéis la oportunidad de ganar un año de entradas gratis a cualquier cine del país. Sólo hay que completar la ficha y mandarla con vuestros detalles a la dirección abajo …

Choose the correct answer: a, b or c.

1 ¿La mejor película del año a los Premios Goya fue del año 2003?
a Madrid
b Barcelona
c Sevilla

2 La mejor película del año a los Premios Goya fue …
a *Las horas*
b *Los lunes al sol*
c *El señor de los anillos – las dos torres*

3 ¿Y el mejor actor y la mejor actriz de los Premios Goya fueron …?
a Daniel Day Lewis y Nicole Kidman
b Meryl Streep y Hugh Grant
c Javier Bardem y Mercedes Sampietro.

4 ¿En qué Premios ganó Pedro Almodóvar la estatuilla por su película *Hable con ella*?
a Los Premios Goya
b Los Baftas
c Los Oscars

5 La mejor película Europea a los Premios Goya fue …
a *Hable con ella*
b *El Pianista*
c *Harry Potter y la cámara de los secretos*

6 A los Premios Goya, ¿en qué categoría ganó 800 Balas?
a Mejor canción original
b Mejores efectos especiales
c Mejor música original

la interpretación	*performance*
el cineasta	*film director*
el reparto	*cast*
se está convirtiendo en	*is becoming*
merece	*it is worth*
la falta	*lack*

1a 2b 3c 4b 5b 6b

1 ◆ **¿Hazlo siempre o nunca?**

Copia el cuadro y decide si se debe hacer cada frase (a–f) siempre o nunca.

Siempre	Nunca
a	

a Apagar la luz cuando no se necesita.

b Utilizar 'sprays' que contiene productos nocivos.

c Ducharse en vez de bañarse.

d Tirar residuos químicos a los ríos.

e Utilizar gasolina sin plomo.

f Reciclar latas, botellas y papel.

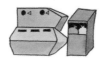

2 **¿Cuál es la solución?**

a ◆ Elige la solución que prefieres para cada problema. Usa *Se debe / No se debe ...* y la solución.

Ejemplo **1** Se debe usar el autobús escolar.

Los problemas	Las soluciones
1 Los padres llevan a sus hijos al colegio en coche.	Ir a pie al colegio / Usar el autobús escolar.
2 En las costas veo agua contaminada.	Beber el agua / Tirar desechos químicos a los ríos.
3 En los colegios gastan mucho papel en mi opinión.	Reciclar el papel / Usar papel.
4 En mi barrio no hay contenedores para reciclar.	Pedir contenedores de reciclaje del ayuntamiento / Preocuparse de reciclar.
5 Me preocupa mucho el medio ambiente.	Usar los sprays / Hacerse socio del Partido Verde.
6 No hay pistas para los ciclistas.	Escribir una carta a su diputado local / Viajar en coche.
7 En las ciudades más grandes hay un nivel alto de polución del aire.	Usar la gasolina sin plomo / Usar la gasolina con plomo.

b 🍀 Después de escribir la solución para cada frase en la actividad 2a, escribe el efecto positivo de cada solución.

Ejemplo **1** Se debe usar el autobús escolar **para** reducir el nivel de polución.

3 ◆ **¿Son ecológicos?**

Copia el cuadro para seis personas. Escucha a las seis personas.
¿Quién cuida del medio ambiente o no?

	Es consciente	No es consciente
1	✓	
2		

4 Los ratos libres de Margarita

a Lee el texto y empareja las palabras <u>subrayadas</u> con las palabras inglesas abajo.

Ejemplo los mejores the best

El lunes es mi día favorito porque en mi opinión se ponen <u>los mejores</u> programas de televisión. Ayer vi <u>la telenovela</u> australiana que se llama *Los vecinos*, luego *los Simpsons* y <u>más tarde</u> *Emmerdale* y *La Calle Coronación*. A mí me encantaría ser actriz en una de esas telenovelas. No sé quien querría ser pero <u>ganaría</u> bastante dinero. ¡Que ilusión!

Yo soy <u>la única</u> de mi familia que se interesa por la tele. Mi hermanastra mayor es una <u>ratona de biblioteca</u>. Siempre está leyendo algo. De vez en cuando yo leo libros de aventura o <u>tebeos</u> de dibujos animados que <u>me hacen reír</u> muchísimo.

El último libro que leí era un libro que mi mejor amigo me compró por mi cumpleaños. Trataba de <u>un huérfano</u> que vivía con sus tíos terribles. Apenas le <u>dieron de comer</u> y nunca le dejaban ver la televisión con la familia o ir de excursiones con ellos, algo que <u>le hizo sentirse</u> solísimo. Me divertí leyendo ese libro y quizás debo tratar de leer más y ver la tele menos.

Mis padres leen a menudo o van a <u>espectáculos de danza</u> o de teatro sobre todo los lunes porque no es tan caro. Me invitarían pero ya saben que es <u>una pérdida de tiempo</u>. ¡Los lunes, la única butaca en la que me siento está en nuestro salón!

dance performances	an orphan	fed	the soap opera	later
the best	bookworm	the only one	I would earn	made him feel
comic books	a waste of time	make me laugh		

b ◆ Lee el texto otra vez. ¿Verdad (V), mentira (M) o no se sabe (?)? Corrige las frases mentirosas.

Ejemplo **1 M**, el lunes es su día favorito.

1 El sábado es su día preferido.
2 Hace dos días, vio una telenovela australiana que se llama *Los vecinos*.
3 Le gustaría ser actriz porque piensa que pagaría bien.
4 Su hermanastra mayor es aficionada al cine.
5 Margarita lee libros a veces.
6 Recientemente sus padres le regalaron un libro por su cumpleaños.
7 Ella vive con sus tíos.
8 Al principio de la semana sus padres salen al teatro.

c ♣ Escribe un párrafo sobre lo que más te gusta hacer cuando estás en casa.

5 ◆ La televisión ✐

Escribe seis frases sobre las películas o programas en la tele. Usa dos o tres superlativos o adjetivos con *-ísimo*, etc.

Ejemplo Las telenovelas son los mejores programas; son buenísimas.

Gramática

1 Nouns

A noun is a thing, person, or place. A *jumper*, a *shop assistant*, and a *shop* are nouns.

In Spanish all nouns, whether things, people or places, are either masculine *(m)* or feminine *(f)*. This is called their 'gender'.

Nouns can be singular (one) or plural (more than one). A *shop* is singular. *Shops* are plural. This is known as their 'number'.

2 How to say 'a' and 'some'

There are two words for *a* in the singular:

(m)	**un** jersey	*a jumper*
(f)	**una** camisa	*a shirt*

In the plural, they often mean *some*:

(m)	**unos** vaqueros	**some** jeans
(f)	**unas** medias	**some** tights

3 How to say 'the'

There are two words for *the* in the singular:

(m)	**el** jersey	**the** jumper
(f)	**la** camisa	**the** shirt

There are two words for *the* in the plural:

(m)	**los** jerseys	**the** jumpers
(f)	**las** camisas	**the** shirts

4 Making nouns plural

In English we add *-s (pens)* or *-es (boxes)*.

The same happens in Spanish.

Words ending in a vowel (a, e, i, o, u): add **-s**:

un museo	dos museo**s**
la plaza	las plaza**s**

Words ending in a consonant: add **-es**:

un bar	dos bar**es**
el hotel	los hotel**es**

Words borrowed from English may end in **-es**, but more usually end in **-s**:

un club	dos club**es**
el pub	los pub**s**

An accent before a final consonant disappears:

un jard**í**n	unos jard**ines**

5 How to say 'of' and 'from'

Of or *from* is **de**. If followed by **el**, it becomes **del**:

¿Está en **el** centro?	*Is it in **the** centre?*
Lejos **del** centro.	*Far away **from the** centre.*

6 How to say 'to'

To is **a**. If followed by **el**, it becomes **al**:

¿**El** cine?	***The** cinema?*
Sí, voy **al** cine.	*Yes, I'm going **to the** cinema.*

7 Regular adjectives

An adjective describes a noun: *blue*, *big* and *tight* are all adjectives. Dictionaries usually list adjectives in their masculine singular form.

Adjectives usually come after the noun:

una ciudad **moderna**	*a **modern** town*
un pueblo **antiguo**	*an **old** village*

The ending on an adjective agrees with the noun it describes, both in gender *(m, f)* and number *(s, pl)*. If the noun is masculine, the adjective must be masculine. If the noun is feminine, the adjective must be feminine.

Adjectives ending in **-o** in the dictionary:

	(s)	(pl)
(m)	**-o**	**-os**
(f)	**-a**	**-as**

un jersey pequeñ**o**	zapatos pequeñ**os**
una camisa pequeñ**a**	medias pequeñ**as**

Adjectives ending in **-e** in the dictionary:

	(s)	(pl)
(m)	**-e**	**-es**
(f)	**-e**	**-es**

un pantalón grand**e**	vaqueros grand**es**
una camiseta grand**e**	zapatillas grand**es**

Adjectives ending in **-a** in the dictionary:

	(s)	(pl)
(m)	**-a**	**-a**
(f)	**-a**	**-a**

Un sombrero lil**a**	vaqueros lil**a**
una corbata lil**a**	medias lil**a**

Adjectives ending in a consonant (e.g. **n**, **l**) in the dictionary:

	(s)	(pl)
(m)	no change	add **-es**
(f)	no change	add **-es**

un pantalón azul	vaqueros azul**es**
una camisa azul	zapatillas azul**es**

NOTE: When an adjective of colour is followed by **oscuro** (*dark*), **marino** (*navy*), **claro** (*light*), **vivo** (*bright*), it doesn't change:

(m)(s)	un jersey **verde claro**
(f)(s)	una falda **rojo vivo**
(m)(pl)	vaqueros **azul marino**
(f)(pl)	zapatillas **marrón oscuro**

Adjectives which have an accent on the final vowel in the singular, lose it in the plural:

(s)	un zapato marr**ón**
(pl)	zapatos marr**ones**

8 My, your, his, her

Mi *(my)* and **tu** *(your)* are the same for masculine and feminine:

(m)	**mi** hermano	*my* brother
	tu padre	*your* father
(f)	**mi** hermana	*my* sister
	tu madre	*your* mother

Su can mean either *his* or *her*:
su tío   **su** tía
his / her uncle   *his / her* aunt

Su also means *your*, when talking to someone using the formal **usted** form:
¿Usted está bien? ¿Y **su** marido?
*Are you well? And **your** husband?*

9 Comparatives – More / less than …

When comparing nouns *(more … less …)* use the following:

| **más … que** | *more … than* |
| **menos … que** | *less … than* |

Hay **más** chicas **que** chicos en mi clase.
Hay **menos** basura en el pueblo **que** en la ciudad.

You can also use **más / menos … que** with adjectives. Remember to make the adjective agree with the noun it describes:

Mi amiga es **más alta que** yo. *My friend is **taller than** me.*

¿Los chicos son **más inteligentes**? ¡Qué va! *Are boys **more intelligent**? No way!*

10 Special comparative forms

Special comparative forms are: **mejor** *(better)*, **peor** *(worse)*, **mayor** *(older, greater)*, **menor** *(younger, lesser)*.

Este pan es bueno, pero el pan integral es **mejor**.
*This bread is good, but wholewheat bread is **better**.*

Mi hermana es **mayor** que yo.
*My sister is **older** than me.*

Londres es de **mayor** importancia que Brighton.
*London is of **greater** importance than Brighton.*

Note that in English, we sometimes use *big* and *little* when we mean *older* and *younger*. Spanish uses **mayor / menor**.

Mi hermano **mayor** se llama Enrique.
*My **big** (i.e. older) brother is called Enrique.*

Mi hermana **menor** se llama Irene.
*My **little** (i.e. younger) sister is called Irene.*

11 As … as …

To say *as … as*, use **tan** with adjectives, and **tanto** with nouns:

| **tan … como** | *as … (adjective) … as* |
| **tanto … como** | *as … (noun) … as* |

Yo no soy tan estúpido como tú.
No hay tanto ruido aquí como en la capital.

Tanto is itself an adjective (**tanto/a/os/as**) and so must agree with the noun it describes:
No hay **tanta** gente aquí hoy **como** ayer.

12 The superlative

The **superlative** in English ends in '-est' *(happiest, easiest)*, or has *most / least* before the adjective (e.g. *most difficult*). In Spanish, use **el / la / los / las** before the comparative **más / menos**:
el castillo **más** grande   *the **biggest** castle*
los ruidos **más** horribles   *the **most** awful noises*
la ciudad **menos** bonita   *the **least** pretty town*
las uvas **más** dulces   *the **sweetest** grapes*

Spanish uses **de** after the superlative where English uses *in*:
Esta ciudad es la más bonita **de** la región.
*This town is the prettiest **in** the area.*

13 This, that, etc. (demonstrative adjectives)

In English, demonstrative adjectives are *this / that*, and *these / those* when followed by a noun: e.g. *this house, those curtains*. In Spanish they are as follows:

	(m)(s)	(f)(s)
this	**este**	**esta**
that	**ese**	**esa**
that … over there	**aquel**	**aquella**

	(m)(pl)	(f)(pl)
these	**estos**	**estas**
those	**esos**	**esas**
those … over there	**aquellos**	**aquellas**

Since they are adjectives, they agree with the noun they describe (see section 7):

¿Ves **aquella** chica? *(f)(s)* *Do you see **that** girl **over there**?*

Esos zapatos son muy caros *(m)(pl)* ***Those** shoes are very expensive.*

14 This one, that one, etc. (demonstrative pronouns)

Demonstrative pronouns in English are *this one, that one, these ones, those ones*. They replace a noun: e.g. I don't like that jumper, I prefer *this one*. In Spanish, the forms are the same as those for demonstrative adjectives (section 13 above), except that they have an accent: e.g. **éste, ésa, aquél**.

Ese plato no me gusta – prefiero **éste** *(m)(s)*
*I don't like that plate – I prefer **this one**.*

Ésa es la mejor de las bolsas. *(f)(s)*
***That one** is the best of the bags.*

¿Jarros? **Aquéllos** son baratos. *(m)(pl)*
*Jugs? **Those ones over there** are cheap.*

15 Present tense: regular verbs

The endings on English verbs change:
I eat a packed lunch.
*The class end**s** at three.*

The endings on Spanish verbs also change. Remove the **-ar**, **-er**, **-ir** to get to the stem, then add the following endings:

	habl**ar**	com**er**	viv**ir**
(yo)	habl**o**	com**o**	viv**o**
(tú)	habl**as**	com**es**	viv**es**
(él)	habl**a**	com**e**	viv**e**
(ella)	habl**a**	com**e**	viv**e**
(usted)	habl**a**	com**e**	viv**e**
(nosotros)	habl**amos**	com**emos**	viv**imos**
(vosotros)	habl**áis**	com**éis**	viv**ís**
(ellos)	habl**an**	com**en**	viv**en**
(ellas)	habl**an**	com**en**	viv**en**
(ustedes)	habl**an**	com**en**	viv**en**

Hablo español.   ***I speak** Spanish.*
¡**Comes** chicle!   ***You're eating** gum!*

English uses *it* to talk about objects or things. Since in Spanish objects or things are *masculine* or *feminine* (see section 1), use the *he / she* (**él / ella**) form:

¿Cuándo termin**a** la clase? Termin**a** a las dos.
*When does the class end? **It (she)** ends at two.*

With plural objects or things, use the *they* (**ellos / ellas**) form:

¿Las clases de francés? Termin**an** a las dos.
*French classes? **They** finish at two.*

Yo, **tú,** etc. are usually left out:
Hablo inglés.   ¿**Hablas** español?
***I speak** English.   **Do you speak** Spanish?*

But add **yo**, **tú**, etc. for emphasis:
¿Vives en York? Pues, **yo** vivo en Hull.
*Do you live in York? Well, **I** live in Hull.*

And add **yo**, **tú**, etc. to make the meaning clear:
¿Los gemelos? **Ella** no trabaja – pero **él**, sí.
*The twins? **She** doesn't work, but **he** does.*

16 Present tense: irregular verbs

These do not follow the normal pattern for **yo**:

to do, make	hacer	ha**go**	*I do, make*
to put, set, lay	poner	pon**go**	*I put, set, lay*
to go out	salir	sal**go**	*I go out*
to bring	traer	trai**go**	*I bring*
to see	ver	ve**o**	*I see*

17 Tener

The verb **tener** *(to have)* is irregular:

(yo)	**tengo**	*I have*
(tú)	**tienes**	*you have (fam.)*
(él)	**tiene**	*he has*
(ella)	**tiene**	*she has*
(usted)	**tiene**	*you have (form.)*
(nosotros)	**tenemos**	*we have*
(vosotros)	**tenéis**	*you have (fam. pl.)*
(ellos)	**tienen**	*they have*
(ellas)	**tienen**	*they have*
(ustedes)	**tienen**	*you have (form. pl.)*

With **que** after it, it means *to have to*:

Tengo que salir.   ***I have to** go out.*

Venir *(to come)* follows a similar pattern to **tener**:

¿Cuándo **vienes**?   *When are you **coming**?*
Vengo a las dos.   ***I'm coming** at two.*

Verbs of the same family as **tener** (e.g. **contener** *to contain, have*) follow the same pattern:

Contiene mucha sal.   ***It contains** a lot of salt.*

18 Ir

Ir *(to go)* is also irregular, and is as follows:

(yo)	**voy**	*I go*
(tú)	**vas**	*you go (fam.)*
(él)	**va**	*he goes*
(ella)	**va**	*she goes*
(usted)	**va**	*you go (form.)*
(nosotros)	**vamos**	*we go*
(vosotros)	**vais**	*you go (fam. pl.)*
(ellos)	**van**	*they go*
(ellas)	**van**	*they go*
(ustedes)	**van**	*you go (form. pl.)*

19 Ser / estar

There are two verbs *to be* – **ser** and **estar**:

(yo)	**soy**	**estoy**	*I am*
(tú)	**eres**	**estás**	*you are (fam.)*
(él)	**es**	**está**	*he is*
(ella)	**es**	**está**	*she is*
(usted)	**es**	**está**	*you are (form.)*
(nosotros)	**somos**	**estamos**	*we are*
(vosotros)	**sois**	**estáis**	*you are (fam. pl.)*
(ellos)	**son**	**están**	*they are*
(ellas)	**son**	**están**	*they are*
(ustedes)	**son**	**están**	*you are (form. pl.)*

Estar is used:
- To indicate where a place or location is:
  ¿Dónde **está** tu casa?
- To say where someone is:
  Hoy **estoy** en Paraguay.
- To express feelings or a quality / state that is going to change:
  ¿**Estás** enferma?

Ser is used:
- To describe personal qualities and characteristics:
  Soy generoso y alto.
- To express occupation or nationality:
  Mi padre **es** profesor. **Es** de Alemania.
- To describe a permanent state:
  La casa **es** grande.
- To tell the time and date:
  Son las dos. Hoy **es** lunes.

20 The present participle

The present participle is the part of the verb which ends in *-ing*:
e.g. *I spend two hours a night **studying***.

To form it, take the infinitive form of the verb and then:

Remove	-ar	Add	-ando
	-er		-iendo
	-ir		-iendo

Use with the verb **pasar** *(to spend)* to show how much time you spend doing something:
¿Cuánto tiempo **pasas estudiando**?
*How long **do you spend studying**?*

21 Stem-changing verbs

Some verbs not only change their ending, but also have a change in their stem:

	e > ie qu**e**rer	o / u > ue j**u**gar	e > i rep**e**tir
(yo)	qu**ie**ro	j**ue**go	rep**i**to
(tú)	qu**ie**res	j**ue**gas	rep**i**tes
(él)	qu**ie**re	j**ue**ga	rep**i**te
(ella)	qu**ie**re	j**ue**ga	rep**i**te
(usted)	qu**ie**re	j**ue**ga	rep**i**te
(nosotros)	queremos	jugamos	repetimos
(vosotros)	queréis	jugáis	repetís
(ellos)	qu**ie**ren	j**ue**gan	rep**i**ten
(ellas)	qu**ie**ren	j**ue**gan	rep**i**ten
(ustedes)	qu**ie**ren	j**ue**gan	rep**i**ten

Other verbs which also follow these patterns are:

e > ie	empezar	to begin
	encender	to switch on
	nevar	to snow
	preferir	to prefer
o / u > ue	doler	to hurt
	dormir	to sleep
	llover	to rain
	poder	to be able
	volver	to return
e > i	decir *	to say, tell
	elegir	to choose
	pedir	to ask for

decir* is also irregular in the **yo form: **digo**

¿Qué pref**ie**res?	*What do you prefer?*
No d**ue**rmo mucho.	*I don't sleep much.*
¡Yo **digo** que no!	*I say no!*

22 Impersonal 'se'

To convey the idea of *one* or *we / they*, use **se** with the **él / ella / usted** part of the verb:

En España, **se** come mucho ajo.
*In Spain, **they** eat a lot of garlic.*

23 Reflexive verbs

Reflexive verbs, in their infinitive form, end in **-se** and indicate an action done to oneself:
lavar**se**   *to wash (**oneself**)*
aburrir**se** *to be bored (to bore **oneself**)*

In the present tense, the **-se** moves from the end to the beginning of the verb, and changes as follows:

	lava**rse**		*to wash (oneself)*
(yo)	**me**	lavo	*I wash*
(tú)	**te**	lavas	*you wash (fam.)*
(él)	**se**	lava	*he washes*
(ella)	**se**	lava	*she washes*
(usted)	**se**	lava	*you wash (form.)*
(nosotros)	**nos**	lavamos	*we wash*
(vosotros)	**os**	laváis	*you wash (fam. pl.)*
(ellos)	**se**	lavan	*they wash*
(ellas)	**se**	lavan	*they wash*
(ustedes)	**se**	lavan	*you wash (form. pl.)*

Me lavo rápidamente.	*I get washed quickly.*
¡Mis niños no **se** lavan!	*My children don't wash!*

Other common verbs of this type:

levantar**se**	to get up
duchar**se**	to have a shower
bañar**se**	to have a bath
relajar**se**	to relax

Some reflexive verbs (see section 21) are also stem-changing verbs:

desp**e**rtarse (**ie**)	to wake up
di**v**ertirse (**ie**)	to enjoy oneself
ac**o**starse (**ue**)	to go to bed
v**e**stirse (**i**)	to get dressed

Me ac**ue**sto tarde. | *I go to bed late.*

24 Gustar

Gustar is used to mean *like*, but really means *to be pleasing to*:

Me **gusta** ir al cine.
I like going to the cinema.
(It is pleasing to me to go to the cinema.)

With an infinitive, it means *like to do something*:

Me gusta **leer**. | *I like reading / to read.*

With singular nouns, use **gusta**; with plurals, **gustan**:

| (s) | Me **gusta el** chocolate. Me **gusta la** tortilla. |
| (pl) | Me **gustan los** churros. Me **gustan las** patatas fritas. |

Other verbs which behave in the same way are **encantar** and **chiflar**:

Me **encanta** el fútbol. | *I **love** football.*
Me **chifla** la natación. | *I **adore** swimming.*

25 Me, te, le

These usually mean *to me* (**me**); *to you* (**te**); *to him, to her* (**le**). They are also used with **gustar**, **doler**.

Use them to show who likes something:
Me gusta. | *I like (it is pleasing **to me**).*
Te gusta. | *You like (it is pleasing **to you**).*
Le gusta. | *He / she likes (it is pleasing **to him** / **to her**).*

Use them to show who is in pain:
Me duele la pierna | *My leg hurts (**to me**).*

¿**Te** duelen los ojos? | *Do your eyes hurt (**to you**)?*

You can add **a** + a name to **le** to make it clearer:
A Juan le gusta el café. | *Juan likes coffee.*

26 Lo, la, los, las

There are two words in Spanish for *it*: **lo** for masculine things, and **la** for feminine things:

| (m) | **lo** | El jersey – me **lo** puedo cambiar? *The jumper – can I change **it**?* |
| (f) | **la** | ¿La falda? Sí, ¿me **la** puedo probar? *The skirt? Yes, can I try **it** on?* |

Similarly, there are two words in Spanish for *them*: **los** for masculine things (and a mixture of masculine and feminine), and **las** for feminine things:

| (m) | **los** | Los zapatos – ¿me **los** peudo probar? *The shoes – can I try **them** on?* |
| (f) | **las** | Las botas – ¿me **las** puedo cambiar? *The boots – can I change **them**?* |

27 Negatives

Use **no** where English uses *not* / *don't*:
No tengo tiempo. | *I **don't** have time.*
No voy al bar. | *I'm **not** going to the bar.*

Never is expressed with **no ... nunca**:
No juego **nunca**. | *I **never** play.*

If you put **nunca** in front of the verb, you don't need the **no**:
Nunca juego. | *I **never** play.*

28 Perfect tense: regular verbs

Use the perfect tense to say what you have done:
I have spoken a lot in Spanish.

You need: part of **haber** and the *past participle*.

The *past participle* is formed like this:

to speak	habl**ar** >	habl**ado**	*spoken*
to eat	com**er** >	com**ido**	*eaten*
to live	viv**ir** >	viv**ido**	*lived*

The parts of **haber** are as follows:

(yo)	**he**	
(tú)	**has**	habl**ado**
(él)	**ha**	
(ella)	**ha**	
(usted)	**ha**	com**ido**
(nosotros)	**hemos**	
(vosotros)	**habéis**	
(ellos)	**han**	viv**ido**
(ellas)	**han**	
(ustedes)	**han**	

He trabajado mucho este año.
*I've **worked** hard this year.*
¿**Has aprendido** tu vocabulario?
*Have you **learnt** your vocabulary?*

29 Perfect tense: irregular verbs

Some verbs have irregular past participles:

decir	**dicho**	*said / told*
escribir	**escrito**	*written*
hacer	**hecho**	*done / made*
poner	**puesto**	*put / set*
ver	**visto**	*seen*

¡No **has escrito** nada! | *You've **written** nothing!*

30 Preterite tense: regular verbs

Use the preterite tense to say what you did:
I went to Spain on holiday.
I sunbathed on the beach.

To form the preterite tense, remove the **-ar**, **-er**, **-ir** to get to the stem, then add the following endings:

	habl**ar**	com**er**	viv**ir**
(yo)	habl**é**	com**í**	viv**í**
(tú)	habl**aste**	com**iste**	viv**iste**
(él)	habl**ó**	com**ió**	viv**ió**
(ella)	habl**ó**	com**ió**	viv**ió**
(usted)	habl**ó**	com**ió**	viv**ió**
(nosotros)	habl**amos**	com**imos**	viv**imos**
(vosotros)	habl**asteis**	com**isteis**	viv**isteis**
(ellos)	habl**aron**	com**ieron**	viv**ieron**
(ellas)	habl**aron**	com**ieron**	viv**ieron**
(ustedes)	habl**aron**	com**ieron**	viv**ieron**

¡**Hablé** español!   *I spoke Spanish!*
Comimos mucho.   *We ate loads.*

31 Preterite tense: irregular verbs

Ir *(to go)* and **ser** *(to be)* have the same form:

	ir	ser
(yo)	**fui**	**fui**
(tú)	**fuiste**	**fuiste**
(él)	**fue**	**fue**
(ella)	**fue**	**fue**
(usted)	**fue**	**fue**
(nosotros)	**fuimos**	**fuimos**
(vosotros)	**fuisteis**	**fuisteis**
(ellos)	**fueron**	**fueron**
(ellas)	**fueron**	**fueron**
(ustedes)	**fueron**	**fueron**

Fui a Marbella.   *I went to Marbella.*
¡**Fue** estupendo!   *It was great!*

The verbs **dar** *(to give)*, **ver** *(to see, watch)* and **hacer** *(to do, make)* have irregular preterite forms:

	dar	ver	hacer
(yo)	**di**	**vi**	**hice**
(tú)	**diste**	**viste**	**hiciste**
(él)	**dio**	**vio**	**hizo**
(ella)	**dio**	**vio**	**hizo**
(usted)	**dio**	**vio**	**hizo**
(nosotros)	**dimos**	**vimos**	**hicimos**
(vosotros)	**disteis**	**visteis**	**hicisteis**
(ellos)	**dieron**	**vieron**	**hicieron**
(ellas)	**dieron**	**vieron**	**hicieron**
(ustedes)	**dieron**	**vieron**	**hicieron**

Di una vuelta.   *I went for a walk.*
¿Qué **viste**?   *What did you see?*
Mi padre **hizo** windsurf.   *My father windsurfed.*

The verb **leer** *(to read)* has a spelling change in the **él / ella / usted** form to **leyó** and in the **ellos / ellas / ustedes** form to **leyeron**.

Other parts of the verb are regular.
Juan **leyó** una revista.
Sus padres **leyeron** el periódico.
Yo **leí** un tebeo; y tú, ¿qué **leíste**?

There are spelling changes in the **yo** form in verbs with a '**g**' or '**c**' before the infinitive ending. The letter '**g**' becomes '**gu**'. The letter '**c**' becomes '**qu**':
¿Vas a llegar temprano? ¡Sí! Lle**gué** tarde ayer.
¿Quieres sacar fotos? No, sa**qué** fotos ayer.

32 Imperfect tense

When you want to describe what things *were like* or *used to be like*, especially over a period of time, use the following:

era	*it was*
había	*there was, there were*
tenía	*it had*

Era aburrido.   *It was boring.*
Había mucho diálogo.   *There was a lot of talking.*
Tenía mucho humor.   *It had a lot of humour.*

Both **fue** and **era** mean *'it was'*: Use **fue** when talking about something which is over, or no longer exists:
La experiencia **fue** interesante.
The experience was interesting.

Use **era** when describing what something *was like* (and still is):
El paisaje **era** muy bonito.
The countryside was very pretty.

33 The immediate future

Use this tense to talk about the near future *(going to ...)*. Use the correct part of the Spanish verb **ir** *(to go)* followed by **a** and an infinitive (see section 18 for the present tense of the verb **ir**).

¿Qué **vas a hacer** mañana?   *What **are you going to do** tomorrow?*

Voy a ir a la piscina.   *I'm going to go to the swimming pool.*

34 The future tense

Use the future tense to say what *will* happen. Add the following endings to the infinitive of the verb. Some verbs have irregular stems to which the normal future endings are added.

Regular future tense endings:

	habl**ar**	com**er**	viv**ir**
(yo)	hablar**é**	comer**é**	vivir**é**
(tú)	hablar**ás**	comer**ás**	vivir**ás**
(él)	hablar**á**	comer**á**	vivir**á**
(ella)	hablar**á**	comer**á**	vivir**á**
(usted)	hablar**á**	comer**á**	vivir**á**
(nosotros)	hablar**emos**	comer**emos**	vivir**emos**
(vosotros)	hablar**éis**	comer**éis**	vivir**éis**
(ellos)	hablar**án**	comer**án**	vivir**án**
(ellas)	hablar**án**	comer**án**	vivir**án**
(ustedes)	hablar**án**	comer**án**	vivir**án**

Irregular future ('yo' form):

to fit (into)	caber	**cabré**
to say, tell	decir	**diré**
to have	haber	**habré**
to do, make	hacer	**haré**
to be able to	poder	**podré**
to put, set, lay	poner	**pondré**
to want / wish to	querer	**querré**
to know	saber	**sabré**
to go out	salir	**saldré**
to have	tener	**tendré**
to be worth	valer	**valdré**
to come	venir	**vendré**

Hablaré contigo mañana.   *I will speak to you tomorrow.*
Un día, **iremos** a México.   *One day, we will go to Mexico.*

35 Conditional tense

The conditional conveys the sense of *'would'*:
I would buy cruelty-free products.
I would boycott circuses.

With regular verbs, add the following endings to the infinitive. They are the same for **-ar**, **-er**, **-ir** verbs:

	comprar	**to buy**
(yo)	compra**ría**	*I would buy*
(tú)	compra**rías**	*you would buy (fam.)*
(él)	compra**ría**	*he would buy*
(ella)	compra**ría**	*she would buy*
(usted)	compra**ría**	*you would buy (form.)*
(nosotros)	compra**ríamos**	*we would buy*
(vosotros)	compra**ríais**	*you would buy (fam. pl.)*
(ellos)	compra**rían**	*they would buy*
(ellas)	compra**rían**	*they would buy*
(ustedes)	compra**rían**	*you would buy (form. pl.)*

No **usaríamos** productos animales.
We would not **use** animal products.

The conditional of the verb **hacer** *(to do, make)* and **querer** *(to like)* are as follows:

	hacer	**querer**
(yo)	har**ía**	querr**ía**
(tú)	har**ías**	querr**ías**
(él)	har**ía**	querr**ía**
(ella)	har**ía**	querr**ía**
(usted)	har**ía**	querr**ía**
(nosotros)	har**íamos**	querr**íamos**
(vosotros)	har**íais**	querr**íais**
(ellos)	har**ían**	querr**ían**
(ellas)	har**ían**	querr**ían**
(ustedes)	har**ían**	querr**ían**

Y tú, ¿qué **harías**?
*What about you – what **would you do**?*
Yo **querría** tener una serpiente.
*I **would like** to have a snake.*

36 Soler

Soler means to *usually (do something)* or *be accustomed to (doing something)*, when used in the present tense. It is a stem-changing verb of the type **o>ue** (section 21). It is followed by the infinitive. In the imperfect, it indicates what used to happen, and it is a useful alternative to using the straight imperfect tense:

Suelo ir al cine el fin de semana, si puedo.
*I **usually go** to the cinema at the weekend, if I can.*

En las vacaciones iba / **solía ir** a la costa.
*In the holidays **I used to go** to the coast.*

37 Questions

In English we often use the words *do*, *does* or *did* when asking questions:

Do you like playing football?
Does she play rugby?
Where *did* you go on holiday?

There is no equivalent in Spanish. Just use the correct part of the verb, with question marks:

¿**Juegas** al tenis? ¿Merche **juega** también?
Do you play *tennis?* **Does** *Merche* **play** *too?*
¿**Fuiste** a Madrid?
Did you go *to Madrid?*

The following are common question words:

¿**adónde?**	*where ... to?*
¿**a qué hora?**	*at what time?*
¿**cómo?**	*how? what ... like?*
¿**cuándo?**	*when?*
¿**cuánto/a?**	*how much?*
¿**cuántos/as?**	*how many?*
¿**dónde?**	*where?*
¿**por qué?**	*why?*
¿**qué?**	*what?*
¿**quién?**	*who?*

¿**Cómo** es tu casa?   *What is your house like?*
¿**Qué** deportes practicas?   *What sports do you play?*

38 The personal 'a'

After an action done to a person, you need to put in the word '**a**'. There is no equivalent in English:

Conocí **a** un chico.   *I got to know a boy.*
Ví **a** mi mejor amiga.   *I saw my best friend.*

39 Y / o

When **y** *(and)* is followed by a word beginning with **i** or **hi** (but not **hie**), it changes to **e**:

Una ciudad nueva **e** interesante.
Un pueblo antiguo **e** histórico.

When **o** *(or)* is followed by a word beginning with **o** or **ho**, it changes to **u**:

Siete **u** ocho chicos perezosos.
¿Hay un hostal **u** hotel por aquí?

40 Pero / sino

The most usual word for *but* is **pero**:

Yo no sé, **pero** pregúntalo a Marta.
*I don't know, **but** ask Marta.*
Voy mañana, **pero** Ana va hoy.
*I'm going tomorrow, **but** Ana is going today.*

Use **sino** to mean *but* after a negative and when it suggests a contradiction:

No es antiguo **sino** nuevo.   *It's not old **but** new.*
No tiene uno, **sino** dos.   *He hasn't got one, **but** two.*

41 Very, a lot

The Spanish for *very* is **muy**. Put it before an adjective to make its meaning stronger:

Es aburrido.   *It's boring.*
Es **muy** aburrido.   *It's **very** boring.*

Use **mucho** to express *a lot*. It is often used with verbs of liking and disliking:

Me gusta **mucho** el cine.   *I like the cinema **a lot**.*

Muy cannot be used with **mucho**. Use **muchísimo** to express an even stronger feeling. In English, we might say *very much, a great deal, really*:

Me gusta **muchísmo** Miguel.
*I **really** like Miguel / I like Miguel **very much**.*

Mucho can also be used with a noun to mean *a lot of / lots of* and *much / many*. In this case, its ending may be **-o, -a, -os, -as** depending on the noun it describes (see section 7):

mucho ruido, **muchos** coches, **mucha** gente
a lot of noise, lots of cars, many people

Add **-ísimo** to an adjective to intensify its meaning. In English, we would say *very* or *extremely*:

¿El chico es **popular**? Es **popularísimo**.
*Is the boy **popular**? He's **very popular**!*
¿Es **difícil**? Es **dificilísimo**.
*Is it **difficult**? It's **extremely difficult**.*

Adjectives ending in a vowel lose it before **-ísimo**:

guapo > guap > guap**ísimo**

An adjective ending in **-ísimo** has four forms, depending on whether it is masculine *(m)*, feminine *(f)*, singular *(s)* or plural *(pl)*:

	(m)	*(f)*
(s)	**-ísimo**	**-ísima**
(pl)	**ísimos**	**-ísimas**

The form of the adjective agrees with the gender *(m, f)* or the number *(s, pl)* of the noun:

(m)(s)   **un** piso pequeñ**ísimo**
(f)(s)   **una** película buen**ísima**
(m)(pl)   **unos** pisos pequeñ**ísimos**
(f)(pl)   **unas** películas buen**ísimas**

In adjectives which end in **-ico** (e.g. **rico**), the letter **-c** is replaced by **-qu**:

rico   un hombre r**iquí**simo
simpático   una chica simpat**iquí**sima

Vocabulario Español – Inglés

A

a to
abajo below, down, downstairs
abierto *(adj)* open
abrazos *(mpl)* best wishes
abril *(m)* April
abuelo *(m)*; abuela *(f)* grandfather; grandmother
aburrido *(adj)* boring
me aburrí *(vb: aburrirse)* I got bored *(Gr 23)*
me aburro *(vb: aburrirse)* I get bored
acampanado *(adj)* flared
accidente *(m)* accident
aceite *(m)* (olive) oil
aceituna *(f)* olive
acordarse *(vb)* to remember *(Gr 21, 23)*
acostumbrarse *(vb)* to get used to *(Gr 23)*
actividad *(f)* activity
actor *(m)*; actriz *(f)* actor; actress
acuarela *(f)* watercolour painting
de acuerdo agreed, OK
me acuesto *(vb: acostarse)* I go to bed *(Gr 21, 23)*
adicto *(adj)* a addicted to
adolescente *(adj)* adolescent, teenage
¿adónde? where ... to?
adornar *(vb)* to decorate
por vía aérea *(adj)* by air
aerodeslizador *(m)* hovercraft
aeropuerto *(m)* airport
me afecta *(vb:* afectar*)* it affects me
afueras *(fpl)* suburbs
agricultura *(f)* farming
agua *(f)* water
no aguanto *(vb:* aguantar*)* I can't stand
ahora now
aire *(m)* acondicionado air conditioning
ajedrez *(m)* chess
ajo *(m)* garlic
ajustado *(adj)* tight
al to the ... *(Gr 6)*
alegrarse *(vb)* to be happy *(Gr 23)*
algo: ¿ ~ más? anything else?
alguien someone, somebody
algún, alguno *(adj)* some
alimento *(m)* food
allí (over) there
almacenes *(mpl)*: grandes ~ department stores
almendra *(f)* almond
alpinismo *(m)* climbing
alquilé *(vb:* alquilar*)* I hired *(Gr 30)*
alto *(adj)* high
altura *(f)* height

alubia *(f)* bean
amable *(adj)* kind, friendly
amarillo *(adj)* yellow
ambicioso *(adj)* ambitious
ambiente *(m)* atmosphere
amenaza *(f)* threat
amigo *(m)*; amiga *(f)* friend
amistad *(f)* friendship
ancho *(adj)* wide, low (-heeled)
anciano *(m)*; anciana *(f)* old man; old woman
animado *(adj)*: dibujo ~ cartoon
antes (de) before
antiguo *(adj)* old, ancient
anuncio *(m)* advert; announcement
añadir *(vb)* to add
aprender *(vb)* to learn
aquí here
árbitro *(m)* referee
argumento *(m)* plot
me arreglo *(vb:* arreglarse*)* I get myself ready *(Gr 23)*
arriba above, up, upstairs
arroz *(m)* rice
artesanía *(f)* craft work
artículo *(m)* article
asesinar *(vb)* to murder
atacar *(vb)* a to attack
atentado *(m)* attack
atletismo *(m)* athletics
aumentar *(vb)* to increase
aunque although
autobús *(m)* bus
autocar *(m)* coach
ave *(f)* bird
avenida *(f)* avenue
aventura *(f)* adventure
avión *(m)* plane
ayudar *(vb)* to help
azafrán *(m)* saffron
azúcar *(m)* sugar
azul *(adj)* blue

B

bacalao *(m)* cod
bailar *(vb)* to dance
baile *(m)* dance
bailé *(vb:* bailar*)* I danced
¡baje! *(vb:* bajar*)* go down!; get off!; get out!
bajo below, under(neath)
balón *(m)* ball
baloncesto *(m)* basketball
bandera *(f)* flag
me baño *(vb:* bañarse*)* I have a bath, bathe *(Gr 23)*
baño *(m)* bath
barato *(adj)* cheap
¡qué barbaridad! *(f)* how awful!

barco *(m)* boat
barrio *(m)* district
bastante quite, rather a lot, enough
basura *(f)* rubbish; comida ~ junk food
batería *(f)* drums
bebí *(vb:* beber*)* I drank
bebo *(vb:* beber*)* I drink
belén *(m)* crib
belleza *(f)* beauty
besos *(mpl)* love from
bici *(f)*: ir de paseo en ~ to go for a bike ride
bicicleta *(f)* bicycle
bien well, fine, OK
billete *(m)* ticket, bank note
biólogo *(m)* biologist
bistec *(m)* steak
blanco *(adj)* white
bocadillo *(m)* sandwich
boda *(f)* wedding
boicotear *(vb)* to boycott
bollo *(m)* bread roll
pasarlo bomba to have a great time
bonito *(adj)* pretty, nice
bosque *(m)* wood
bota *(f)* boot
bricolaje *(m)* DIY
británico *(adj)* British
brote *(m)* outbreak
bueno *(adj)* good
buque *(m)* tanker
busco *(vb:* buscar*)* I'm looking for
búsqueda *(f)* search
butaca *(f)* armchair

C

cada each, every
cadena *(f)* chain
café *(m)* coffee
cafetería *(f)* snackbar, cafeteria
calamares *(mpl)* squid
calavera *(f)* skull
calcetín *(m)* sock
calendario *(m)* calendar
caliente *(adj)* hot
calle *(f)* street
calor *(m)*: hace ~ it's hot
cama *(f)* bed
cambiar *(vb)* to change
camino *(m)* path
camisa *(f)* shirt
camiseta *(f)* t-shirt
campanada *(f)* ring, peal of a bell
campeón *(m)*; campeona *(f)* champion
campo *(m)* countryside
canción *(f)* song
cantante *(m or f)* singer

cantar *(vb)* to sing
cantina *(f)* canteen
cara *(f)* face, side; aspect
caracterización *(f)* characterisation
de los cardiacos *(mpl)* heart-stopping
cariño *(m)* affection, love
cariñoso *(adj)* affectionate
carne *(f)* meat
carnet *(m)* travel voucher, identity card
caro *(adj)* dear, expensive
carta *(f)* letter
cartón *(m)* cardboard
casa *(f)* house; ~ editorial publishing company
casco *(m)* crash helmet
casi almost
castillo *(m)* castle
catálogo *(m)* catalogue
catedral *(f)* cathedral
católico *(adj)* Catholic
caza *(f)* hunting
cebolla *(f)* onion
celebro *(vb: celebrar)* I celebrate
célebre *(adj)* famous
cementerio *(m)* cemetery
cena *(f)* dinner, evening meal
cené *(vb: cenar)* I had dinner, evening meal
ceno *(vb: cenar)* I have dinner, evening meal
centro *(m)* centre
cerca *(de)* near (to)
cerdo *(m)* pork
cerrar *(vb)* to shut
chabola *(f)* hut, shanty
chalé *(m)* detached house, villa
chaleco *(m)* waistcoat
champán *(m)* champagne
chándal *(m)* tracksuit
chantaje *(m)* blackmail
chaqueta *(f)* jacket
chico *(m)*, chica *(f)* boy, girl
me chifla … I'm mad about, really love …
chino *(adj)* Chinese
chorizo *(m)* spicy sausage
churros *(mpl)* doughnuts
ciclismo *(m)* cycling
ciclista *(m or f)* cyclist
ciencia ficción *(f)* science fiction
científico *(adj)* scientific
cigarrillo *(m)* cigarette
cine *(m)* cinema
cineasta *(m/f)* film maker
cinta *(f)* (cassette/video) tape
circo *(m)* circus
ciruela *(f)* cherry
ciudad *(f)* city

ciudadano *(m)*; ciudadana *(f)* citizen, person who lives in a city
¡claro! of course!
claro *(adj)* light, pale *(Gr 7)*
cliente *(m or f)* client, customer
clima *(m)* climate
climatización *(f)* air conditioning
coche *(m)* car
cocina *(f)* kitchen
coger *(vb)* to take, catch
cogí *(vb: coger)* I took, caught
colgamos *(vb: colgar)* we hang up *(Gr 21)*
colilla *(f)* cigarette end
¿de qué color? *(m)* what colour?
comedia *(f)* comedy, play
comedor *(m)* dining room
la zona comercial *(f)* shopping area
como *(vb: comer)* I eat, have lunch
comercio *(m)* business
comida *(f)* lunch, meal, food
cómico *(adj)* funny
como; ¿cómo? as, like; like what …? how?
cómodo *(m)* comfortable
compañero *(m)* compañera *(f)* companion, partner
compañía *(f)* company
competitivo *(adj)* competitive
comprar *(vb)* to buy
compré *(vb: comprar)* I bought
comunidad *(f)* community
con with
concierto *(m)* concert
concurso *(m)* competition
conducir *(vb)* to drive
confuso *(adj)* mixed up
conocer *(vb)* to get to know, meet
conocí *(vb: conocer)* I got to know
contaminación *(f)* pollution
contento *(adj)* happy
contestar *(vb)* to answer
contiene *(vb: contener)* it contains *(Gr 17)*
contigo with you
en contra de against
contraatacar *(vb)* to fight back
contrario *(adj)* opposite
convivir *(vb)* to live together
copiar *(vb)* to copy
corbata *(f)* tie
correctamente *(adv)* correctly
corregir *(vb)* to correct
correo *(m)* post; ~ electrónico e-mail
correr *(vb)* to run
corrida *(f)* de toros bullfight
corto *(adj)* short
cosa *(f)* thing
costa *(f)* coast
costumbre *(f)* custom

creer *(vb)* to believe, think
cristiano *(adj)* Christian
Cristo *(m)* Christ
cruasán *(m)* croissant
crueldad *(f)* cruelty
cuadro *(m)* grid, table, picture
cuando; ¿cuándo? when; when?
¿cuánto? how much?
cuarto *(m)* quarter; room
cuarto *(adj)* fourth
cuenta *(f)* bill
cuéntame de *(vb: contar)* tell me about *(Gr 21)*
cuento *(m)* story
cuerpo *(m)* body
cuesta *(vb: costar)* it costs *(Gr 21)*
¡cuidado! careful!
cuidar *(vb)* to take care of
cultura *(f)* culture
cumpleaños *(m)* birthday
en cursiva *(f)* in italics

D

dado *(m)* di
dálmata *(adj)*; *(m or f)* Dalmatian
dama *(f)* lady
dar *(vb)* to give
de of, from *(Gr 5)*
debajo *(de)* underneath
deber *(vb)* to have to
deberes *(mpl)* homework
deberíamos *(vb: deber)* we ought to
decepción *(f)* disappointment
decir *(vb)* to say, tell *(Gr 14)*
definición *(f)* meaning
delante *(de)* in front (of)
delantero *(m)* forward
los demás the rest, others
demasiado too
denso *(adj)* thick
dentro *(de)* inside
depende *(vb: depender)* (it) depends
dependiente *(m or f)* shop assistant
deporte *(m)* sport
deportista *(adj)* keen on sports, sporty
deportivo *(adj)* sports, sporty
depresión *(f)* depression, breakdown
a la derecha on the right
desarrollar *(vb)* to unfold, develop
desayunar *(vb)* to have breakfast
desayuno *(m)* breakfast
desbordarse to overflow *(Gr 23)*
descansar *(vb)* to rest
descuento *(m)* discount, reduction
desde since, from
¿qué desea? *(vb: desear)* what would you like?
desempleo *(m)* unemployment
desencadenar *(vb)* to start, unleash

desierto *(m)* desert

desorganizado *(adj)* disorganised

me despierto *(vb: despertarse)* I wake up *(Gr 23)*

despistado *(adj)* absent-minded

después (de) after

destino *(m)* destiny, destination

detalle *(m)* detail

detrás (de) behind

di *(vb: dar)* I gave *(Gr 31)*

di un paseo I went for a walk; ~ una vuelta I went for a stroll

diálogo *(m)* dialogue, discussion

día *(m)*: 15 días a fortnight

diario *(adj)* daily

dibujar *(vb)* to draw, sketch

dibujo *(m)* drawing

diccionario *(m)* dictionary

dice *(vb: decir)* he/she/you/it says *(Gr 19)*

diente *(m)* tooth

difícil *(adj)* difficult

¡dígame! hello! how can I help?

dinero *(m)* money

directo *(adj)* direct

director *(m)* headmaster

dirigido *(adj)* directed

disco *(m)* record

discoteca *(f)* disco, nightclub

diseñar *(vb)* to design, draw

disfraz *(m)* disguise

¡qué disgusto! how awful!

disminuir *(vb)* to diminish, reduce

distracción *(f)* pastime

diversión *(f)* entertainment

me divertí I had fun

divertido *(adj)* amusing, fun

divertirse *(vb)* to enjoy oneself

dividir *(vb)* to divide

me divierto *(vb: divertirse)* I enjoy myself *(Gr 23)*

doble *(adj)* double

donde where; ¿dónde? where?

dorado *(adj)* golden

dormir *(vb)* to sleep

ducha *(f)* shower

me ducho *(vb: ducharse)* I have a shower *(Gr 23)*

me duele *(vb: doler)* it hurts me, is sore

duermo *(vb: dormir)* I sleep *(Gr 21)*

dulce *(m)* sweet

durante during

duro *(adj)* hard

E

e and *(Gr 39)*

económico *(adj)* economical

edad *(f)* age

edificio *(m)* building

Edimburgo Edinburgh

editorial *(adj)* publishing

educativo *(adj)* educational

efecto *(m)*: ~ s especiales special effects

egoísta *(adj)* selfish

por ejemplo *(m)* for example

ejercicio *(m)* exercise, practice

el the

él he

electricidad *(f)* electricity

elegante *(adj)* smart, elegant

elegir *(vb)* to choose

ella she *(Gr 12)*

emocional *(adj)* emotional

emocionante *(adj)* exciting

emparejar *(vb)* to pair up

empleo *(m)* job

en in, on

me encanta *(vb: encantar)* I love

encantador *(adj)* charming, delightful

encima de above, on top of

encontrar *(vb)* to meet; to find

encuesta *(f)* survey

enfadado *(adj)* angry, annoyed

enfrentamiento *(m)* confrontation

enfrente de opposite

¡enhorabuena! congratulations!

enjaulado *(adj)* caged

enorme *(adj)* huge, enormous

ensalada *(f)* salad

entonces then

entre between

entremés *(m)* starter

entre semana midweek

entrevista *(f)* interview

enviar *(vb)* to send

equipo *(m)* team

equitación *(f)* horse-riding

era *(vb: ser)* was *(Gr 32)*

eres *(vb: ser)* you are *(Gr 19)*

error *(m)* mistake

es *(vb: ser)* he/she/it is *(Gr 19)*

escaparate *(m)* shop window

escena *(f)* scene, stage

escocés *(adj)* Scottish

escolar *(adj)* school

escondido *(adj)* hidden

escribí I wrote

escribir *(vb)* to write

escucho *(vb: escuchar)* I listen

esfuerzo *(m)* effort

eso that

espagueti *(m)* spaghetti

español *(adj)* Spanish

especia *(f)* spice

especial *(adj)* special

especialidad *(f)* speciality

especie *(f)* sort, species

esperar *(vb)* to hope

esposo *(m)* husband; esposa *(f)* wife

esqueleto *(m)* skeleton

esquí *(m)* skiing

esta *(adj)(f)* this

estación *(f)* season; station

estadio *(m)* de fútbol football stadium

estadounidense American

estampado *(adj)* patterned

estar *(vb)* to be *(Gr 19)*

estatua *(f)* statue

este *(m)* this

estrella *(f)* star

estreno *(m)* première, first night

estrés *(m)* stress

estresado *(adj)* stressed out

estudiante *(m or f)* student

estudios *(mpl)* studies

estupendo *(adj)* great, wonderful

etiqueta *(f)* label

excursión *(f)* trip, excursion

éxito *(m)* success

exótico *(adj)* exotic

explicar *(vb)* to explain

explotado *(adj)* exploited

exposición *(f)* exhibition, display

extinción *(f)* extinction

en el extranjero *(m)* abroad

extraño *(adj)* strange, odd

extrovertido *(adj)* outgoing, extrovert

F

fácil *(adj)* easy

falda *(f)* skirt

fallecimiento *(m)* death

falso *(adj)* false

faltar *(vb)* to be missing

familia *(f)* family

familiar *(adj)* family

famoso *(adj)* famous

fantasma *(m)* ghost

farmacia *(f)* chemist's

fascinante *(adj)* fascinating

fatal *(adj)* awful, dreadful

a favor de in favour of

fecha *(f)* date

fenomenal *(adj)* great, terrific

feo *(adj)* ugly

feria *(f)* fair

ferry *(m)* ferryboat

fiesta *(f)* special occasion, party, feastday

fin *(m)*: el ~ de semana at the weekend

al final *(m)* de; a fines de at the end of

financiero *(adj)* financial

físico *(adj)* physical

flan *(m)* crème caramel

flauta *(f)* flute

flojo *(adj)* loose, weak

de flores flowered

folleto *(m)* brochure
footing *(m)* jogging
foto *(f)* photo fotografía *(f)* photograph
francés *(adj)* French
frase *(f)* sentence, phrase
fresa *(f)* strawberry
fresco *(adj)* cool, fresh
frío *(adj)*: hace ~ it's cold
frito *(adj)* fried
fruta *(f)* fruit
fue *(vb: ser)* he/she/it was *(Gr 31)*
fuego *(m)* fire
fuegos artificiales fireworks
fuente *(f)* fountain
si fuera if I/he/she/it were
fuerte *(adj)* heavy, strong
fui *(vb: ir)* I went *(Gr 31)*
fui *(vb: ser)* I was *(Gr 31)*
fumar *(vb)* to smoke
fútbol *(m)* football
futbolista *(m or f)* footballer

G

galería *(f)* gallery
galés *(adj)* Welsh
galleta *(f)* biscuit
gallo *(m)* cock
gama *(f)* range
gamba *(f)* prawn
ganar *(vb)* to earn
tener ganas de *(fpl)* to feel like
con gas *(m)* fizzy
gasolina *(f)* petrol
gastar *(vb)* to spend
gazpacho *(m)* Andalusian cold tomato soup
generalmente generally
gente *(f)* people
gimnasia *(f)* gymnastics
gimnasio *(m)* gymnasium
globo *(m)* (hot-air) balloon
gobierno *(m)* government
gol *(m)* goal
gordo *(adj)* fat
gorra *(f)* beret, cap
grabar *(vb)* to record
grande *(adj)* big, large, tall
granizado *(m)* crushed ice drink
granja (f): huevos de ~ battery eggs
gratuito *(adj)* free
grave *(adj)* serious
gris *(adj)* grey
grupo *(m)* group
guapo *(adj)* handsome, pretty
guayabera *(f)* loose shirt
guerra *(f)* war
guía *(m)* guide
guión *(m)* script
guisantes *(mpl)* peas
me gusta(n) *(vb: gustar)* I like *(Gr 24)*

me gustaría *(vb: gustar)* I would like *(Gr 35)*

H

ha *(vb: haber)* he/she has *(Gr 28)*
había *(vb: haber)* there was, there were *(Gr 32)*
habitante *(m or f)* inhabitant
hablar *(vb)* to speak
¿qué hacéis? *(vb: hacer)* what do you do, make? *(Gr 16)*
hacer *(vb)* to do, make ~ agua to take in water
hago *(vb: hacer)* I do, make *(Gr 16)*
hamaca *(f)* hammock
hambre (f): tener ~ to be hungry
hamburguesa *(f)* hamburger
haría *(vb: hacer)* would do, make *(Gr 35)*
harina *(f)* flour
hasta until
hay: ¿ ~ en azul? have you got it/them in blue?
¡haz! *(vb: hacer)* do! make!
he *(vb: haber)* I have *(Gr 28)*
hecho *(m)* fact
helado *(m)* ice cream
hermano *(m)* brother; hermana *(f)* sister
hermoso *(adj)* pretty
hice *(vb: hacer)* windsurf I went windsurfing *(Gr 31)*
¿qué hiciste? what did you do?
hielo *(m)* ice
higo *(m)* fig
hijo *(m)* son; hija *(f)* daughter
hincha *(m or f)* fan, supporter
hindú *(adj)*, *(m or f)* hindu
historia *(f)* history, story
histórico *(m)* historic
hoja *(f)* leaf, page
holgado *(m)* baggy
hombre *(m)* man
hora (f): ¿qué ~ es? what time is it?
horario *(m)* timetable
horrendo *(adj)* horrible, horrifying
horroroso *(adj)* horrible, horrifying
hoy today
huevo *(m)* egg
huevos *(mpl)* de casa free-range eggs; ~ de granja battery eggs
humedad *(f)* humidity
humo *(m)* smoke
humor *(m)* humour, mood
humorístico *(adj)* funny
hundirse *(vb)* to sink *(Gr 23)*

I

ida y vuelta (f): un billete de ~ return ticket
¡ni idea! no idea!

ideal *(adj)* ideal
ídolo *(m)* idol, statue
iglesia *(f)* church
igual *(adj)*: me da ~ I don't mind
¡qué ilusión! how nice!
imagen *(f)* image, picture
imaginario *(adj)* imaginary
imperdonable *(adj)* unforgiveable
imperio *(m)* empire
impresionante *(adj)* impressive
inaceptable *(adj)* unacceptable
incluir *(vb)* to include
incluso *(adj)* including
incómodo *(adj)* uncomfortable
incorporar *(vb)* to include
día de la independencia *(f)* Independence day
industria *(f)* industry
infierno *(m)* hell
informática *(f)* IT
inglés *(adj)* English
ingrediente *(m)* ingredient
inhumano *(adj)* inhuman
inmediatamente immediately
inolvidable *(adj)* unforgettable
inquietante *(adj)* disturbing
instituto, insti *(m)* (secondary) school
intentar *(vb)* to try
intercambio *(m)* exchange
interés (m): ¿qué hay de ~? what is there of interest?
me interesa(n)… *(vb: interesar)* I'm interested in …
interesante *(adj)* interesting
Interurbano *(adj)* Intercity
inundación *(f)* flood
inventar *(vb)* to make up, invent
invierno *(m)* winter
ir *(vb)* to go *(Gr 18)*
isla *(f)* island
italiano *(adj)* Italian
a la izquierda *(f)* on the left

J

jamón *(m)* ham
jardín *(m)* garden
jaula *(f)* cage
jersey *(m)* jumper
joven *(adj)* young; *(m or f)* young person
judío *(adj)* Jewish
juego *(m)* game
juego *(vb: jugar)* I play *(Gr 21)*
juez *(m)* judge
juqué *(vb: jugar)* I played
junto *(adj)* together
juvenil *(adj)*: club ~ youth club

K

kilómetro *(m)* kilometre

L

la, las the (Gr 3)
laboral (adj) work-related
lado (m) side
largo (adj) long
largometraje (m) full-length film
lasaña (f) lasagne
¡qué lástima! (f) what a pity!
laurel (m) bay (leaf)
lavabos (mpl) washroom
me lavo (vb: lavarse) I wash myself (Gr 23)
me lavo los dientes I brush my teeth (Gr 23)
leche (f) milk
lechuga (f) lettuce
leer (vb) to read
legumbre (f) vegetable
lejos far; más ~ further
lengua (f) language, tongue
lento (adj) slow
letra (f) letter, handwriting
me levanto (vb: levantarse) I get up (Gr 23)
liberar (vb) to set free
libertad (f) freedom, liberty
libre (adj) free
libro (m) book
ligero (adj) light
lila (f) lilac
limpio (adj) clean
lirón (m) doormouse: dormir como un ~ to sleep like a log
liso (adj) plain
listo (adj) ready
llamado (adj) called
llamarse (vb) to be called (Gr 23)
llega (vb: llegar) he/she/it arrives
llegada (f) arrival
llevo (vb: llevar) I wear
me llevo bien con (vb: llevarse) I get on (with) (Gr 23)
Londres London
los (mpl) the (Gr 3)
lucha (f) fight, struggle
luchar (vb) to fight
luego then
lugar (m) place
lujoso (adj) luxurious
de lunares spotted

M

madera (f) wood
madre (f) mother
madrugador (m), madrugadora (f) early riser
los Reyes Magos the Three Kings
Mahoma Mohammed
malo (adj) bad, villain
malva (f) mauve
mamá (f) Mum

mañana (f): por la ~ in the morning
mandar (vb) to order
manera (f): ~ de vivir lifestyle
manga (f): de ~ larga/corta with long/short sleeves
sin mangas sleeveless
mantequilla (f) butter
manzana (f) apple
mapa (m) map
mar (m and f) sea
maravilloso (adj) marvellous, great
marea (f) high tide
me mareo (vb: marearse) I get travelsick (Gr 23)
mariachi (m) Mexican music
marido (m) husband
marino (m): azul ~ navy blue
mariscos (mpl) seafood
por vía marítima by sea
marrón (adj) brown
masificado (adj) built-up, congested
más more
matar (vb) to kill
mayor (adj) bigger, older
me (to) me
media (f): las (tres) y ~ half past (three)
a medianoche (at) midnight
medias (fpl) tights
medio (m) type, medium
a mediodía (at) midday, noon
mejicano, mexicano (adj) Mexican
mejor (adj) better
melocotón (m) peach
menor (adj) smaller, younger
menos less
mentira (f) lie, untruth
mercado (m) market
merienda (f) tea (meal), snack, picnic
meriendo (vb: merendar) I have tea, a snack, a picnic (Gr 21)
mermelada (f) jam
mes (m) month
método (m) way, method
metro (m) underground railway
mezquita (f) mosque
mi, mis my (Gr 8)
mí me
miedo (m), tengo ~ de/a I'm afraid of
miel (f) honey
miembro (m) member
mínimo (adj) minimum
ministro (m), ministra (f) minister
mirar (vb) to look at
misa (f) mass
miseria (f) poverty, misery
misión (f) mission
mismo (adj) same
misterioso (adj) mysterious
mitad (f) half
moda (f) fashion

modelo (m) model
modo (m); a mi ~ de ver from my point of view
montaña (f) mountain
montamos … (vb: montar) we put up, mount
monté (vb: montar) a caballo I went horse-riding
montón (m) pile, heap
monumento (m) monument
morado (adj) purple
morder (vb) to bite
moto (f), motocicleta (f) motorbike
mucho (adj) a lot (of), much, many
muerte (f) death
muerto (adj) dead
mujer (f) woman
multitud (f) crowd, load
todo el mundo everybody
museo (m) museum
música (f) music
musulmán (m), musulmana (f) Moslem
muy very

N

nacimiento (m) birth
nacional (adj) national
nada: no hay ~ mal en… there's nothing wrong with …
nadé (vb: nadar) I swam
color de naranja (f) orange colour
naranjada (f) orange squash
natación (f) swimming
nativo (m) native
naturaleza (f) nature
navego (vb: navegar): ~ por Internet I surf the Net
el día de Navidad (f) Christmas Day
Navidades (fpl) Christmastime
necesario (adj) necessary
necesitar (vb) to need
negocios (mpl) business
en negrita (f) in bold
negro (adj) black
neoyorquino (adj) of New York
ni … ni … neither … nor …
nieto (m) grandson; nieta (f) granddaughter
ninguno (adj) no …
niñez (f) childhood
niño (m) boy; niña (f) girl
nivel (m) level
noche (f) night
Nochebuena (f) Christmas Eve
Nochevieja (f) New Year's Eve
nombre (m) name
noreste (m) northeast
normalmente normally
noroeste (m) northwest
norte (m) north

norteamericano *(adj)* North American
nos (to) us
nosotros we
nota *(f)* mark, note
noticias *(fpl)* news
novio *(m)* boyfriend; novia *(f)* girlfriend
nuez *(f)* nut, walnut
nuestro *(adj)* our
nuevo *(adj)* new
número *(m)* number
nunca never

O

o or *(Gr 39)*
objeto *(m)* object
obligatorio *(adj)* compulsory
obra *(m)* work
odio *(vb: odiar)* I hate
oeste *(m)* west
oferta *(f)* offer
oficina *(f)* office
ofrecer *(vb)* to offer
olvidarse *(vb)*: me olvido de cosas I forget things
¿qué opinas? *(vb: opinar)* what do you think?, what's your opinion?
opuesto *(adj)* opposite
orden *(m)* order
ordenador *(m)* computer
organizar *(vb)*: me organizo mal I'm badly organised
origen *(m)* origin
os (to) you
oscuro *(adj)* dark
oso *(m)* bear
otoño *(m)* autumn
otro *(adj)* other, another
¡oye! listen!

P

paciente *(adj)* patient
pacífico *(adj)* peaceful, harmless
padre *(m)* father; padres *(mpl)* parents
paellera *(f)* pan for cooking paella
pagar *(vb)* to pay
página *(f)* page
paisaje *(m)* landscape
país *(m)* country
pájaro *(m)* bird
palabra *(f)* word
palo *(m)*: insecto ~ stick insect
pan *(m)* bread
pandilla *(f)* group of friends
pantalla *(f)* screen
pantalón *(m)* pair of trousers
papá *(m)* Dad
para for
parar *(vb)* to stop
me parece *(vb: parecer)* I think

parecer *(vb)*: a mí ~ it seems to me
parecido *(adj)* alike
pareja *(f)* partner
parque *(m)*: ~ de atracciones theme park
párrafo *(m)* paragraph
parte *(f)* part
participar *(vb)* to join in, take part
pasado *(adj)* last; *(m)* the past
pasar *(vb)* to spend (time)
lo pasé bien/bomba/fatal (vb: pasar) I had a good/great/horrible time
paseo *(m)*: ir de ~ to go for a walk
pastas *(fpl)* pasta
pastel *(m)* cake
pata *(f)* animal's leg or foot
patatas fritas *(fpl)* crisps; chips
patio *(m)* playground, courtyard
pavo *(m)* turkey
pedazo *(m)* piece
pegado *(adj)* stuck
película *(f)* film
en peligro *(m)* in danger
peligroso *(adj)* dangerous
pelo *(m)* hair
pelota *(f)* ball
¡qué pena! *(f)* what a pity!
pensar *(vb)* to think
pensionado *(m or f)* pensioner
peor *(adj)* worse; worst
pequeño *(adj)* small
pera *(f)* pear
perdido *(adj)* lost
pero but
perro *(m)* dog
persona *(f)* person
personaje *(m)* character
pesado *(adj)* dull, annoying
pesca *(f)* fishing
pescado *(m)* fish (dead)
peso *(m)* Mexican currency
pesquero *(adj)* fishing
petardo *(m)* banger, fire cracker
pez *(m)* fish (alive)
picante *(adj)* spicy
a pie on foot
piel *(f)*: chaqueta de pieles fur jacket
pienso *(vb: pensar)* I think *(Gr 21)*
pierna *(f)* leg
piloto *(m)* pilot
pimiento *(m)* red or green pepper
pintar *(vb)* to paint
piragüismo *(m)* canoeing
Pirineos *(mpl)* Pyrenees
piscina *(f)* swimming pool
piso *(m)* flat
pista *(f)* track
en plan turístico as a tourist
plátano *(m)* banana
plato *(m)* dish, plate
playa *(f)* beach

plaza *(f)*: ~ de toros bullring
plumífero *(m)* padded jacket
población *(f)* population, town
pobre *(adj)* poor
un poco a little
poco *(adj)* a few
poder *(vb)* to be able *(Gr 21)*
poema *(m)* poem
policía *(f)* police
policíaco *(adj)* detective, police
polideportivo *(m)* sports centre
político *(adj)* political
pollo *(m)* chicken
poner *(vb)* to put, set, lay
pongo *(vb: poner)* I put *(Gr 16)*
me pongo *(vb: ponerse)* I put on, wear *(Gr 16, 23)*
por for; by, along, through
¿por qué? why? porque because
postal *(f)* postcard
postre *(m)* dessert
potente *(adj)* powerful
practico *(vb: practicar)* I do, go, practise
practiqué *(vb: practicar)* la vela I went sailing
precio *(m)* price
precioso *(adj)* lovely
precisamente exactly
preferido *(adj)* favourite
preferiría *(vb: preferir)* I/he/she would prefer *(Gr 21, 35)*
prefiero *(vb: preferir)* I prefer *(Gr 21)*
pregunta *(f)* question
prejuicio *(m)* prejudice
prenda *(f)* garment, item of clothing
prender *(vb)* to seize, to arrest
prensa *(f)* press
preocupado *(adj)* worried
primavera *(f)* spring
primero *(adj)* first
principal *(adj)* principal
principio *(m)* beginning
de prisa quickly
probado *(adj)* en tested on
probar *(vb)*: ¿se puede ~ ? can I try it on? *(Gr 21)*
procesión *(f)* procession
producir *(vb)* to produce
profe *(m or f)* teacher
prohibir *(vb)* to ban, prohibit
pronto *(adj)* soon
pronunciar *(vb)* to pronounce
proteger *(vb)* to protect
próximo *(adj)* next, near
proyecto *(m)* project
¡prueba! *(vb: probar)* try!, try on!, taste! *(Gr 21)*
publicitario *(adj)* advertising
pudín *(m)* pudding
pueblo *(m)* village, small town

puedo *(vb: poder)* I can *(Gr 21)*
puente *(m)* bridge
puerto *(m)* port
pues well …, … euh, then

Q

que that, which; ¿qué? who, what?
me quedo *(vb: quedarse)* I stay, remain *(Gr 23)*
me quedé *(vb: quedarse)* I stayed *(Gr 30)*
queja *(f)* complaint
quemar *(vb)* to burn
querer *(vb)* to want, to love
querría *(vb: querer)* I would love *(Gr 35)*
queso *(m)* cheese
¿quién? who?
quiero *(vb: querer)* I want, love *(Gr 21)*
quinto fifth
quisiera I would like
quitar *(vb)* to take off, remove, leave
quizás perhaps

R

rápido *(adj)*: comida ~ a fast food
raqueta *(f)* racket
raro *(adj)* unusual
de rayas *(f)* striped
razón *(f)*: tener ~ to be right
reaccionar *(vb)* to react
realidad *(f)* reality
recalentamiento *(m)* heating up
receta *(f)* recipe
recibir *(vb)* to receive
reciclar *(vb)* to recycle
recreativo *(adj)* entertainment
recuerdo *(m)* memory, souvenir
reducir *(vb)* to reduce, lessen
refrescante *(adj)* refreshing
refresco *(m)* cool drink
refugio *(m)* shelter
regalo *(m)* present
región *(f)* region, area
regular *(adj)* all right, so-so
reina *(f)* queen
relajado *(adj)* relaxed
me relajo *(vb: relajarse)* I relax *(Gr 23)*
religioso *(adj)* religious
rellenar *(vb)* to fill in
Renfe Spanish rail system
repartir *(vb)* to share out
reparto *(m)* delivery
repasar *(vb)* to go over, revise
repaso *(m)* revision
de repente suddenly
reportaje *(m)* article
reportero *(m)*, reportera *(f)* reporter
resolver *(vb)* to solve *(Gr 21)*
responsable *(m or f)* person in charge
respuesta *(f)* answer
resto *(m)* rest
resultado *(m)* result

resumen *(m)* summary
retraso *(m)* delay
revista *(f)* magazine
rey *(m)* king
los Reyes 6th January
rico *(adj)* delicious; rich
rimar *(vb)* to rhyme
riquísimo *(adj)* delicious; very rich
ritmo *(m)* rhythm
robar *(vb)* to steal
robo *(m)* robbery
rojo *(adj)* red
romántico *(adj)* romantic
romper *(vb)* to break
ropa *(f)* clothes
rosa *(f)* pink, rose-coloured
ruido *(m)* noise
ruidoso *(adj)* noisy
ruina *(f)* ruin
rutina *(f)* routine

S

saber *(vb)* to know
sacar *(vb)* to take (out)
sal *(f)* salt
salgo *(vb: salir)* I go out *(Gr 16)*
salí *(vb: salir)* I went out
salida *(f)* exit
sales *(vb: salir)* you go out, leave *(Gr 16)*
salsa *(f)* sauce
salvaje *(adj)* wild
sandalia *(f)* sandal
sanidad *(f)* sanitation, health
sano *(adj)* comida ~ a healthy food
santo *(m)*, santa *(f)*; el día de mi ~ my saint's day
saqué fotos *(vb: sacar)* I took photos *(Gr 31)*
sardina *(f)* sardine
sé *(vb: saber)* I know *(Gr 16)*
sección *(f)* section
seco *(adj)* dry
secreto *(m)* secret
secuestrar *(vb)* to kidnap
secuestro *(m)* kidnapping
sede *(f)* headquarters, seat; ~ de gobierno seat of government
en seguida at once
seguir *(vb)* to carry on; to follow
segundo *(adj)* second
según according to
semana *(f)*: entre ~ during the week
señalar *(vb)* to point out
sencillo *(adj)* easy
senderismo *(m)* rambling
sentarse *(vb)* to sit down
sentido *(m)* meaning
sentir *(vb)* to feel
separado *(adj)* separated
sequía *(f)* drought

ser *(vb)* to be *(Gr 19)*
serpiente *(f)* snake
si if
sí yes
siempre always
lo siento *(vb: sentir)* I'm sorry *(Gr 21)*
sierra *(f)* mountain range
símbolo *(m)* symbol
simpático *(adj)* kind, friendly
simplemente simply
sin without
sino but (negative)
síntoma *(m)* symptom
situado *(adj)* situated
sobrar *(vb)* to be left over
sobre on; over; about
sobrevivir *(vb)* to survive
sociable *(adj)* friendly, sociable
socorrer *(vb)* to help
solamente: no ~ … sino también … not only … but also …
soler *(vb)* to be in the habit of *(Gr 21)*
solo *(adj)* alone
sólo only
solución *(f)* answer, solution
solucionar *(vb)* to solve
sombrero *(m)* hat
somos *(vb: ser)* we are *(Gr 19)*
son *(vb: ser)*: ~ cien euros it costs 100 euros *(Gr 19)*
sonido *(m)* sound
sopa *(f)* soup
sorpresa *(f)* surprise
soy *(vb: ser)* I am *(Gr 19)*
su, sus his/hers/its/your *(Gr 8)*
subrayado *(adj)* underlined
sucio *(adj)* dirty
suelo *(vb: soler)* I usually … *(Gr 21, 36)*
sueño *(m)* dream
¡buena suerte! *(f)* good luck!
suficiente *(adj)* enough
sufrir *(vb)* to suffer
sugerir *(vb)* to suggest
suplemento *(m)* extra charge, supplement
sur *(m)* south
sustantivo *(m)* noun
sustituir *(vb)* to put instead of, substitute
¡qué susto! what a fright!

T

tacón *(m)* heel
táctica *(f)* strategy
¿qué tal? how are you?, how is it?
talento *(m)* talent
Talgo *(m)* fast Spanish train
talla *(f)*: ¿qué ~ usa? size: what size do you take?

también too, also, as well
tambor *(m)* drum
tanto *(adj)* as much, so much
taquilla *(f)* ticket office
taquillero *(m)* ticket seller
tardar *(vb)* to take (a long) time
tarde *(adj)* late; *(f)*: por la ~ in the afternoon
tarjeta *(f)* ~ postal postcard
de tartán tartan
taxista *(m or f)* taxi driver
te (to) you *(Gr 25)*
té *(m)* tea
teatro *(m)* theatre
tebeo *(m)* comic
tecnología *(f)* technology
tele, televisión *(f)* television
teleguía *(f)* TV guide
templo *(m)* temple
temprano *(adj)* early
tener *(vb)* to have *(Gr 17)*
tengo *(vb: tener)* I have *(Gr 17)*
tenista *(m or f)* tennis player
tercero *(adj)* third
terminar *(vb)* to finish
terraza *(f)* terrace
por vía terrestre by land
terrible *(adj)* terrible
terror *(m)*: película de ~ horror film
terrorista *(m or f)* terrorist
tesón *(m)* tenacity, persistence
testigo *(m)* witness
ti (to) you
tiempo *(m)* time; weather
tienda *(f)* shop;
    ~ de campaña tent
tiene *(vb: tener)*: ¡aquí ~! here you are! *(Gr 17)*
tío *(m)* uncle; tía *(f)* aunt
tipo *(m)* sort, type
tirar *(vb)* to throw
título *(m)* caption
toco la guitarra *(vb: tocar)* I play the guitar
todo *(adj)*: ¿es ~? is that everything?
¡toma! *(vb: tomar)* take!
tomate *(m)* tomato
tomé *(vb: tomar)* el sol I sunbathed
tomo *(vb: tomar)* I have, I take
torre *(f)* tower
tortilla *(f)* omelette
tostada *(f)* slice of toast
totalmente totally
tóxico *(adj)* poisonous

trabajar *(vb)* to work
trabajo *(m)* work
traer *(vb)* to bring *(Gr 16)*
tráfico *(m)* traffic, trade
tragedia *(f)* tragedy
traje *(m)* costume, suit
tranquilo *(adj)* gentle, slow
trasnochador *(m)*, trasnochadora *(f)* night owl
se trata de ... *(vb: tratarse)* it's about ...
tren *(m)* train
triste *(adj)* sad
trozo; trocito *(m)* piece; little piece
tu, tus your *(Gr 8)*
tú you
tumba *(f)* tomb
turismo *(m)* tourism
turista *(m or f)* tourist
turístico *(adj)* touristy
turrón *(m)* nougat
tuyo *(adj)* yours

U

u or *(Gr 39)*
último *(adj)* last
un *(m)*, una *(f)* a, an *(Gr 1)*
único *(adj)* only
uniforme *(m)* uniform
unión *(f)* union
unir *(vb)* to join
urgencias *(fpl)* casualty
usar *(vb)* to use
usted, ustedes you
utilizar *(vb)* to use
uva *(f)* grape

V

va *(vb: ir)* he/she/it goes *(Gr 18)*; ¡qué ~! no way
en las vacaciones *(fpl)* in the holidays
vagabundo *(adj)* vagrant
¡vale! OK, fine, all right
vampiro *(m)* vampire
vaqueros *(mpl)* jeans
variedad *(f)* variety
varios *(adj)* various
¿vas? *(vb: ir)* do you go?
vaso *(m)* glass
ve *(vb: ver)* he/she/it sees, watches
vecino *(m)*, vecina *(f)* neighbour
vegetación *(f)* vegetation
vela *(f)* sailing
vendaval *(m)* storm, gale

venir *(vb)* to come
veo *(vb: ver)* I see, watch
ver *(vb)* to see
verano *(m)* summer
verdad *(f)* truth
verdadero *(adj)* true
verde *(adj)* green; *(m)* green countryside
versión *(f)* version
vertido *(m)* spillage
vespino *(m)* scooter
vestido *(m)* dress
vestuario *(m)* costume
vez *(f)*: de ~ en cuando from time to time
vi *(vb: ver)* I saw *(Gr 31)*
viajar *(vb)* to travel
viaje *(m)* journey
vida *(f)* life
viejo *(adj)* old
vino *(m)* wine
visité *(vb: visitar)* I visited *(Gr 30)*
visto seen *(Gr 29)*
me visto *(vb: vestirse)* I get dressed *(Gr 23)*
vivir *(vb)* to live
vivo *(adj)* bright, lively, living
volante *(m)* frill
voleibol *(m)* volleyball
vosotros you (plural)
voy *(vb: ir)* I go *(Gr 18)*; me voy *(vb: irse)* I am going *(Gr 23)*
vuelo *(m)* flight
vuelta *(f)* dar una ~ to have a look round
vuelvo *(vb: volver)* I come back, return *(Gr 21)*
vuestro *(adj)* your

Y

y and *(Gr 39)*
ya already
yo I
yogur *(m)* yogurt

Z

zanahoria *(f)* carrot
zapatilla *(f)* de deporte trainer
zapato *(m)* shoe
zapping *(m)*: practicar el ~ to switch between TV channels
zona *(f)*: ~ comercial shopping centre
zumo *(m)* juice

Vocabulario Inglés – Español

A

a, an un *(m)* una *(f)*
it's about se trata de … *(vb: tratarse)* *(Gr 23)*
above arriba
abroad en el extranjero *(m)*
absent-minded despistado *(adj)*
according to según
addicted to adicto *(adj)* a
adolescent adolescente *(adj)*
adventure aventura *(f)*
aeroplane avión *(m)*
it affects me me afecta *(vb: afectar)*
I'm afraid of tengo miedo de/a
after después (de)
against (en) contra (de)
age edad *(f)*
agreed, OK de acuerdo; vale
by air por vía aérea *(adj)*
alike parecido *(adj)*
all, every todo *(adj)*
is that all, everything? ¿es todo?
all right regular *(adj)*
almost casi
alone solo *(adj)*
along por
already ya
also también
although aunque
always siempre
I am soy *(vb: ser)*; estoy *(vb: estar)* *(Gr 19)*
American estadounidense, americano *(adj)*
amusing divertido *(adj)*
ancient antiguo *(adj)*
and y, e *(Gr 39)*
angry, annoyed enfadado *(adj)*
another otro *(adj)*
apple manzana *(f)*
you are eres *(vb: ser)*; estás *(vb: estar)*
they are son *(vb: ser)*; están *(vb: estar)*
area zona *(f)*
arrival llegada *(f)*
he/she/it arrives llega *(vb: llegar)*
as, like como
as, so much tan *(adj)*, tanto
I ate comí
athletics atletismo *(m)*
atmosphere ambiente *(m)*
attack atentado *(m)*, ataque *(m)*
aunt tía *(f)*
autumn: in the ~ *(m)*: en otoño
avenue avenida *(f)*
awful, dreadful fatal *(adj)*
how awful ¡qué disgusto!, ¡qué barbaridad!

B

bad malo *(adj)*
baggy holgado *(adj)*
balloon globo *(m)*
(foot) ball balón *(m)*
(tennis) ball pelota *(f)*
to ban prohibir *(vb)*
banana plátano *(m)*
basketball baloncesto *(m)*
bath baño *(m)*
battery eggs huevos de granja
to be ser *(vb)*; estar *(vb)* *(Gr 19)*
beach playa *(f)*
because porque
I go to bed me acuesto *(vb: acostarse)* *(Gr 23)*
before antes (de)
(at the) beginning (al) principio *(m)*
behind detrás (de)
I believe creo *(vb: creer)*
below abajo
best wishes abrazos *(mpl)*
better mejor *(adj)*
between entre
bicycle bicicleta *(f)*
big grande *(adj)*
bigger mayor *(adj)*
bike: go for a ~ ride ir de paseo en bici
bill cuenta *(f)*
bird pájaro *(m)*
birthday cumpleaños *(m)*
biscuit galleta *(f)*
black negro *(adj)*
blue azul *(adj)*
boat barco *(m)*
book libro *(m)*
boot bota *(f)*
I'm bored me aburro *(vb: aburrirse)* *(Gr23)*
I was bored me aburrí *(vb: aburrirse)* *(Gr 23)*
boring aburrido *(adj)*
I bought compré *(vb: comprar)* *(Gr 30)*
to boycott boicotear *(vb)*
boyfriend novio *(m)*
bread pan *(m)*
to break romper *(vb)*
breakfast desayuno *(m)*
I have breakfast desayuno *(vb: desayunar)*
bridge puente *(m)*
bright vivo *(adj)*
to bring traer *(vb)* *(Gr 16)*
British británico *(adj)*
brochure folleto *(m)*
brother hermano *(m)*
brown marrón *(adj)*
I brush my teeth me lavo los dientes *(vb: lavarse)* *(Gr 23)*
building edificio *(m)*

bullfight corrida *(f)* de toros
bus autobús *(m)*
business comercio *(m)*, negocios *(mpl)*
busy, lively animado *(adj)*
but pero; sino *(Gr 40)*
butter mantequilla *(f)*
I buy compro *(vb: comprar)*
by por

C

caged enjaulado *(adj)*
cake pastel *(m)*, bizcocho *(m)*
I am called me llamo *(vb: llamarse)* *(Gr 23)*
called llamado *(adj)*
I can puedo *(vb: poder)* *(Gr 21)*
canoeing piragüismo *(m)*
canteen cantina *(f)*
cap gorra *(f)*
car coche *(m)*; automóvil *(m)*
careful! ¡cuidado!
carrot zanahoria *(f)*
cartoon dibujo animado *(m)*
cassette cinta *(f)*
cat gato *(m)*, gata *(f)*
cathedral catedral *(f)*
Catholic católico *(adj)*
I caught tomé *(vb: tomar)*: cogí *(vb: coger)*
I celebrate celebro *(vb: celebrar)*
centre centro *(m)*
cereal cereales *(mpl)*
champagne champán *(m)*
to change cambiar *(vb)*
charming encantador *(adj)*
cheap barato *(adj)*; económico *(adj)*
cheese queso *(m)*
chemist's farmacia *(f)*
chess ajedrez *(m)*
chicken pollo *(m)*
chips patatas fritas *(fpl)*
to choose elegir *(vb)*
Christian cristiano *(adj)*
Christmas Eve Nochebuena *(f)*
Christmas Day día *(m)* de Navidad *(f)*
Christmastime Navidades *(fpl)*
church iglesia *(f)*
cinema cine *(m)*
circus circo *(m)*
city ciudad *(f)*
clean limpio *(adj)*
client cliente *(m or f)*
climate clima *(m)*
climbing alpinismo *(m)*
clothes ropa *(f)*
coach autocar *(m)*
coast costa *(f)*

coffee café *(m)*
I come back, return vuelvo *(vb:* volver) *(Gr 21)*
comedy play comedia *(f)*
he/she/it comes viene *(vb:* venir) *(Gr 17)*
comfortable cómodo *(adj)*
comic tebeo *(m)*
companion compañero *(m)*, compañera *(f)*
company compañía *(f)*
compulsory obligatorio *(adj)*
computer ordenador *(m)*
concert concierto *(m)*
good/bad conditions buenas/malas condiciones *(fpl)*
congratulations! ¡enhorabuena!
it contains contiene *(vb:* contener) *(Gr 17)*
cool fresco *(adj)*
it costs cuesta *(vb:* costar) *(Gr 21)*
costume traje *(m)*
country país *(m)*
countryside campo *(m)*
crafts artesanía *(f)*
crash helmet casco *(m)*
crib belén *(m)*
crisps patatas fritas *(fpl)*
croissant cruasán *(m)*
culture cultura *(f)*
curious curioso *(adj)*
custom costumbre *(m)*
customer cliente *(m or f)*
cycling ciclismo *(m)*

D

Dad papá *(m)*
daily diario *(adj)*
to dance bailar *(vb)*
dance baile *(m)*
I danced bailé *(vb:* bailar)
dangerous peligroso *(adj)*
dark oscuro *(adj)*
date (calendar) fecha *(f)*
daughter hija *(f)*
day día *(m)*
dear (expensive) caro *(adj)*
death muerte *(f)*
delicious rico *(adj)*, delicioso *(adj)*
department store grandes almacenes *(mpl)*
it depends depende *(vb:* depender)
dessert postre *(m)*
detached house chalé *(m)*
dictionary diccionario *(m)*
difficult difícil *(adj)*
dining-room comedor *(m)*
dinner (evening meal) cena *(f)*
I have dinner ceno *(vb:* cenar) *(Gr 15)*
I had dinner cené *(vb:* cenar) *(Gr 30)*
dirty sucio *(adj)*
discotheque discoteca *(f)*

dish plato *(m)*
display exposición *(f)*
district barrio *(m)*
doughnuts churros *(mpl)*
I do hago *(vb:* hacer) *(Gr 16)*
I would do, make haría *(vb:* hacer)
downstairs abajo
I drank bebí *(vb:* beber)
drawing dibujo *(m)*
dress vestido *(m)*
I get dressed me visto *(vb:* vestirse) *(Gr 23)*
I drink bebo *(vb:* beber) *(Gr 15)*
to drive conducir *(vb)*
drums batería *(f)*
dry seco *(adj)*
during durante

E

each cada
early temprano *(adj)*
early riser madrugador *(m)*, madrugadora *(f)*
to earn ganar *(vb)*
easy fácil *(adj)*, sencillo *(adj)*
I eat como *(vb:* comer)
egg huevo *(m)*
end fin *(m)*
at the end of al final de, a fines de
English inglés *(adj)*
I enjoy myself me divierto *(vb:* divertirse) *(Gr 21, 23)*
enough bastante; suficiente *(adj)*
entertainment diversión *(f)*
evening meal cena *(f)*
everyone todo el mundo
for example por ejemplo *(m)*
exciting emocionante *(adj)*
exercise ejercicio *(m)*
exit salida *(f)*
expensive caro *(adj)*
to explain explicar *(vb)*
extrovert extrovertido *(adj)*

F

face cara *(f)*
family familia *(f)*
famous célebre *(adj)*; famoso *(adj)*
far lejos
farming agricultura *(f)*
fast: ~ food comida rápida
fat gordo *(adj)*
father padre *(m)*
favourite preferido *(adj)*
to feel sentir *(vb) (Gr 21)*
to feel like tener ganas *(fpl)* de
ferry ferry *(m)*
few poco *(adj)*
fig higo *(m)*
film película *(f)*
first primero *(adj)*

fish (live) pez *(m)*; fish (dead) pescado *(m)*
fishing pesca *(f)*
fizzy con gas *(m)*
flared acampanado *(adj)*
flat piso *(m)*
flowered de flores
flute flauta *(f)*
food comida *(f)*; alimento *(m)*
on foot a pie
football fútbol *(m)*
football stadium estadio *(m)* de fútbol
footballer futbolista *(m or f)*
for por, para
I forget things me olvido de cosas *(vb:* olvidarse)
fortnight quince días
free gratuito *(adj)*; libre *(adj)*
free-range eggs huevos *(mpl)* de casa
French francés *(adj)*
fresh fresco *(adj)*
fried frito *(adj)*
friend amigo *(m)*; amiga *(f)*
friendly, sociable sociable *(adj)*
friendship amistad *(f)*
from de, desde
fruit fruta *(f)*
fun divertido *(adj)*
fur jacket chaqueta *(f)* de pieles
further más lejos

G

game juego *(m)*
garden jardín *(m)*
garment, item of clothing prenda *(f)*
I gave di *(vb:* dar)
I get bored me aburro *(vb:* aburrirse) *(Gr 23)*
I get on with me llevo bien con *(vb:* llevarse) *(Gr 23)*
I get travelsick me mareo *(vb:* marearse) *(Gr 23)*
I get up me levanto *(vb:* levantarse) *(Gr 23)*
ghost fantasma *(m)*; ~ film película *(f)* de fantasmas
girlfriend novia *(f)*
to give dar *(vb)*
he/she/it goes va *(vb:* ir) *(Gr 18)*
good bueno *(adj)*
good luck buena suerte *(f)*
I go, am going voy *(vb:* ir) *(Gr 18)*;
I'm going off me voy *(vb:* irse)
I go out salgo *(vb:* salir) *(Gr 16)*
I got to know conocí *(vb:* conocer)
grape uva *(f)*
great! ¡fenomenal!, ¡estupendo! *(adj)*
green verde *(adj)*
grey gris *(adj)*

group of friends pandilla *(f)*
guide guía *(m or f)*
guitar guitarra *(f)*
gymnastics gimnasia *(f)*

H

I am in the habit of suelo *(vb: soler)*
    (Gr 21, 36)
half mitad *(f)*
half past (three) las (tres) y media
hamburger hamburguesa *(f)*
ham jamón *(m)*
handsome guapo *(adj)*
I am happy me alegro *(vb: alegrarse)*
    (Gr 23)
happy contento *(adj)*
hard duro *(adj)*
hat sombrero *(m)*
I hate odio *(vb: odiar)*
I have tengo *(vb: tener) (Gr 17)*
he él
healthy: ~ food comida sana *(adj)*
heavy fuerte *(adj)*
heel tacón *(m)*
height altura *(f)*
hello, how can I help? dígame
to help ayudar *(vb)*
her su, sus *(Gr 8)*
here: ~ you are! ¡aquí tiene!
    (form)
high alto *(adj)*
to hire alquilar *(vb)*
his su, sus *(Gr 8)*
history historia *(f)*
holidays vacaciones *(fpl)*
homework deberes *(mpl)*
honey miel *(f)*
horrible horrendo, horrible *(adj)*
horrifying horroroso *(adj)*
horror film película *(f)* de terror
horse-riding equitación *(f)*
hot caliente *(adj)*
it's hot hace calor
house casa *(f)*
hovercraft aerodeslizador *(m)*
how? ¿cómo?
how are you?, how is it? ¿qué tal?
how much? ¿cuánto?
huge enorme *(adj)*; gigantesco *(adj)*
hunger hambre *(f)*
to be hungry tener *(vb)* hambre
husband marido *(m)*

I

ice cream helado *(m)*
ice hielo *(m)*
if si
in en
in danger en peligro *(m)*
in favour of a favor de
in front of delante de

Independence day día de la
    Independencia *(f)*
inside dentro (de)
Intercity Interurbano *(adj)*
I'm interested in … me interesa(n) …
    (vb: interesar)
interesting interesante *(adj)*
interest: what is there of ~? ¿qué
    hay de interés?
interview entrevista *(f)*
he/she/it is es *(vb: ser)*; está *(vb: estar)*
island isla *(f)*
IT informática *(f)*
Italian italiano *(adj)*

J

jacket chaqueta *(f)*
jam mermelada *(f)*
jeans vaqueros *(mpl)*
Jewish judío *(adj)*
jogging footing *(m)*
journey viaje *(m)*
juice zumo *(m)*
jumper jersey *(m)*
junk (food) (comida) basura *(f)*

K

kind, friendly simpático *(adj)*
to know, be aquainted with conocer *(vb)*
I know sé *(vb: saber) (Gr 16)*

L

by land por vía terrestre
last último *(adj)*
late tarde *(adj)*
to lay poner *(vb)*
he/she/it leaves sale *(vb: salir) (Gr 16)*
on the left a la izquierda *(f)*
leg pierna *(f)*
less menos
letter carta *(f)*; (alphabet) letra *(f)*
lettuce lechuga *(f)*
light ligero *(adj)*
like, as como
I like me gusta(n) *(vb: gustar) (Gr 24)*
I'd like me gustaría *(vb: gustar)*;
    quisiera; what would you like?
    ¿qué desea? *(vb: desear)*
lilac color de lila *(f)*
I listen escucho *(vb: escuchar)*
a little un poco
to live vivir *(vb)*
lively vivo *(adj)*
living room salón *(m)*
lonely solitario *(adj)*, aislado *(adj)*,
    solo *(adj)*
long largo *(adj)*
to look at mirar *(vb)*
I'm looking for busco *(vb: buscar)*
lost perdido *(adj)*
a lot of mucho *(adj)*

love (from) besos *(mpl)*
to fall in love enamorarse *(vb) (Gr 23)*
I love me encanta(n) *(vb: encantar)*;
    me chifla *(n) (vb: chiflar)*
I would love querría *(vb: querer) (Gr 35)*
to love, like querer *(vb)*
lovely precioso *(adj)*
lunch comida *(f)*
I have lunch como *(vb: comer)*

M

I'm mad about me chifla *(n)…*
magazine revista *(f)*
to make hacer *(vb) (Gr 16)*
many mucho *(adj)*
map mapa *(m)*
market mercado *(m)*
marvellous maravilloso, estupendo
    (adj)
mass misa *(f)*
mauve malva *(f)*
meal comida *(f)*
meat carne *(f)*
to meet encontrar *(vb) (Gr 23)*
member miembro *(m)*
Mexican mejicano *(adj)*, mexicano
    (adj)
at midday, noon a mediodía
at midnight a medianoche
midweek entre semana
milk leche *(f)*
I don't mind me da igal
misery miseria *(f)*
money dinero *(m)*
month mes *(m)*
mood humor *(m)*
more más
morning: in the ~ por la mañana
mosque mezquita *(f)*
mother madre *(f)*
motorbike moto *(f)*, motocicleta *(f)*
mountain montaña *(f)*, sierra *(f)*
mouse ratón *(m)*
much mucho *(adj)*
Mum mamá *(f)*
museum museo *(m)*
music música *(f)*
my mi, mis *(Gr 8)*

N

national nacional *(adj)*
navy marino *(m)*; ~ blue azul
    marino
near to cerca de
to need necesitar *(vb)*
neither … nor … ni … ni …
never nunca
new nuevo *(adj)*
New Year's Eve Nochevieja *(f)*
next próximo *(adj)*
how nice! ¡qué ilusión!, ¡qué bien!

night noche *(f)*
night owl trasnochador *(m)*,
   trasnochadora *(f)*
no idea ni idea
noise ruido *(m)*
noisy ruidoso *(adj)*
north norte *(m)*
North American norteamericano
   (adj)
northeast noreste *(m)*
northwest noroeste *(m)*
nothing nada: there's ~ wrong
   with no hay nada de malo en …
now ahora
number número *(m)*

O

of de
of course! ¡claro!
oil aceite *(m)*
OK! ¡vale!, ¡de acuerdo!
old viejo *(adj)*
older mayor *(adj)*
olive aceituna *(f)*, ~ oil aceite *(m)*
   de olivo
omelette tortilla *(f)*
on en, sobre
onion cebolla *(f)*
only solamente, sólo
only único *(adj)*; not ~ … but
   also … no solamente … sino
   también …
at once en seguida
open abierto *(adj)*
opposite contrario *(adj)*; enfrente de
or o, u *(Gr 39)*
orange (fruit) naranja
orange (colour) color de naranja *(f)*
I'm badly organised me organizo mal
other otro *(adj)*
we ought to deberíamos *(vb: deber)*
our nuestro *(adj)*
outgoing extrovertido *(adj)*
over sobre
own propio
own space espacio propio *(m)*

P

pace of life ritmo *(m)* de vida
page página *(f)*
pale (colour) claro *(adj)*
park: theme ~ parque de
   atracciones
partner pareja *(f)*
patterned estampado *(adj)*
to pay pagar *(vb)*
peach melocotón *(m)*
pear pera *(f)*
peas guisantes *(mpl)*
people gente *(f)*
perhaps quizás

petrol gasolina *(f)*
photo foto *(f)*, photograph
   fotografía *(f)*
piece trozo *(m)*, pedazo *(m)*
pink rosa *(f)*
place lugar *(m)*
plain liso *(adj)*
I play (football) juego (al fútbol)
   (vb: jugar)
I play (the guitar) toco (la guitarra)
   (vb: tocar)
do you play …? ¿juegas…? *(vb: jugar)*;
   ¿tocas …? *(vb: tocar)*
I played jugué *(vb: jugar) (Gr 30)*
plot argumento *(m)*
from my point of view a mi modo de ver
police policía *(f)*
pollution contaminación *(f)*
poor pobre *(adj)*
pork cerdo *(m)*
port puerto *(m)*
postcard (tarjeta) postal *(f)*
poverty miseria *(f)*
prawn gamba *(f)*
I prefer prefiero *(vb: preferir) (Gr 21)*
I would prefer preferiría *(vb: preferir) (Gr 35)*
present regalo *(m)*
pretty bonito *(adj)*, guapo *(adj)*
price precio *(m)*
privacy espacio propio *(m)*
private íntimo *(adj)*
to protect proteger *(vb)*
pudding pudín *(m)*
purple morado *(adj)*
I put pongo *(vb: poner) (Gr 16)*
to put poner *(vb)*
I put on, wear me pongo *(vb:
   ponerse) (Gr 16, 23)*
we put (set) up, mount montamos
   (vb: montar)

Q

quarter cuarto *(m)*
quiet tranquilo *(adj)*
quite bastante

R

rambling senderismo *(m)*
range gama *(f)*
to read leer *(vb)*
I read leí *(vb: leer)*
ready listo *(adj)*
red rojo *(adj)*
region región *(f)*
I relax me relajo *(vb: relajarse) (Gr 23)*
relaxed relajado *(adj)*
religious religioso *(adj)*
I remember me acuerdo *(vb:
   acordarse) (Gr 23)*
to rest descansar *(vb)*
the rest los demás

return vuelta *(f)*: ~ ticket billete de
   ida y vuelta *(m)*
rice arroz *(m)*
I'm right tengo razón *(vb: tener) (Gr 17)*
on the right a la derecha
bread roll bollo *(m)*
romantic romántico *(adj)*
routine rutina *(f)*
rubbish basura *(f)*; junk food
   comida basura *(f)*
to run correr *(vb)*

S

sad triste *(adj)*
sailing vela *(f)*
saint santo *(m)*, santa *(f)*
my saint's day el día de mi santo *(m)*,
   santa *(f)*
salad ensalada *(f)*
salt sal *(f)*
same mismo *(adj)*; igual *(adj)*
sandal sandalia *(f)*
sandwich bocadillo *(m)*
sardine sardina *(f)*
sauce salsa *(f)*
I saw vi *(vb: ver) (Gr 31)*
to say decir *(vb)*
he/she/it says dice *(vb: decir) (Gr 21)*
science fiction ciencia ficción *(f)*
scooter vespino *(m)*, motocicleta *(f)*
Scots, Scottish escocés *(adj)*
screen pantalla *(f)*
sea mar *(f)*
by sea por vía marítima
second segundo *(adj)*
secondary school instituto, insti *(m)*
to see ver *(vb)*
it seems to me a mi parecer
selfish egoísta *(adj)*
to send enviar *(vb)*
to set (the table) poner *(vb)* (la mesa)
to set free liberar *(vb)*
she ella
shirt camisa *(f)*
shoe zapato *(m)*
shop tienda *(f)*
shop assistant dependiente *(m or f)*
shopping area zona comercial *(f)*
short corto *(adj)*
shower ducha *(f)*
I have a shower me ducho *(vb: ducharse)*
   (Gr 23)
since desde
to sing cantar *(vb)*
singer cantante *(m or f)*
sister hermana *(f)*
to sit down sentarse *(vb) (Gr 23)*
situated situado *(adj)*
what size do you take? ¿qué talla usa?
skiing esquí *(m)*
skirt falda *(f)*

sky cielo (m)

I sleep duermo (vb: dormir) (Gr 21)

to sleep like a log dormir como un lirón

sleeve: with long/short sleeves de manga larga/corta

sleeveless sin mangas

slow lento (adj)

small pequeño (adj)

smart elegante (adj)

to smoke fumar (vb)

smoke humo (m)

snack merienda (f)

snake serpiente (f)

so tan

sock calcetín (m)

some alguno (adj)

someone alguien

something algo: ~ else? ¿algo más?

soon pronto (adj)

I'm sorry lo siento (vb: sentir) (Gr 21)

soup sopa (f)

south sur (m)

southwest suroeste (m)

Spanish español (adj)

to speak hablar (vb)

to spend (money) gastar (vb); (time) pasar (vb)

spicy picante (adj)

sport deporte (m)

sports centre polideportivo (m)

sporty deportivo (adj), deportista (adj)

spotted de lunares

in the spring en primavera (f)

square plaza (f)

starter entremés (m)

I can't stand no aguanto … (vb: aguantar)

I stay me quedo (vb: quedarse) (Gr 23)

I stayed me quedé (vb: quedarse) (Gr 23)

steak bistec (m)

stick insect insecto (m) palo

story cuento (m)

strange extraño (adj)

street calle (f)

stress estrés (m)

stressed out estresado (adj)

striped de rayas

strong fuerte (adj)

suburbs afueras (fpl)

suddenly de repente

sugar azúcar (m)

suit traje (m)

in the summer en verano (m)

to sunbathe tomar el sol

I surf the Net navego por Internet (vb: navegar)

surprise sorpresa (f)

I swam nadé (vb: nadar)

sweet dulce (m)

to swim nadar, bañarse, practicar la natación

swimming natación (f)

swimming-pool piscina (f)

T

I take tomo (vb: tomar)

to take off quitar (vb)

to take out sacar (vb)

to take photos sacar fotos

tall alto (adj)

tartan de tartán

tea (meal) merienda (f)

I have tea meriendo (vb: merendar)

tea té (m)

team equipo (m)

teenager adolescente (m or f)

television televisión (tele) (f)

to tell decir (vb)

temple templo (m)

tennis player tenista (m or f)

terrace terraza (f)

tested on probado (adj) en

that que

the el (m), la (f), los (mpl), las (fpl) (Gr 3)

theatre teatro (m)

then entonces, luego

there allí

there is/are hay

thing cosa (f)

I think pienso (vb: pensar) (Gr 21); creo (vb: creer); have an opinion me parece (vb: parecer); what do you think? ¿qué opinas? (vb: opinar)

third tercero (adj)

this este (adj)

through por

ticket billete (m)

ticket office taquilla (f)

ticket seller taquillero (m)

tie corbata (f)

tight ajustado (adj)

tights medias (fpl)

time: from ~ to ~ de vez en cuando

time: to have a good/great/horrible~ pasarlo bien/bomba/fatal (vb: pasar)

timetable horario (m)

to a, al (Gr 6)

today hoy

together junto (adj)

too (ie also) también; too demasiado

I took (photos) saqué (vb: sacar) fotos

tooth diente (m)

on top of encima de

tourism turismo (m)

tourist turista (m or f)

as a tourist en plan túristico

town ciudad (f)

town hall ayuntamiento (m)

track pista (f)

tracksuit chándal (m)

trade tráfico (m)

traffic tráfico (m)

train tren (m)

trainers zapatillas (fpl) de deporte

to travel viajar (vb)

trekking senderismo (m)

trip excursión (f)

trousers pantalón (m)

truth verdad (f)

try: can I ~ it on? ¿se puede probar?

try! ¡prueba! (fam) (vb: probar)

t-shirt camiseta (f)

turkey pavo (m)

TV guide teleguía (f)

U

ugly feo (adj)

uncomfortable incómodo (adj)

underground railway metro (m)

underneath bajo; debajo (de)

unemployment desempleo (m)

uniform uniforme (m)

until hasta

unusual raro (adj)

to use usar (vb), utilizar (vb)

V

very muy

video tape cinta (f) de vídeo

village, small town pueblo (m)

to visit visitar (vb)

volleyball voleibol (m)

W

I wake up me despierto (vb: despertarse) (Gr 21, 23)

walk: to go for a ~ ir de paseo

I want quiero (vb: querer)

war guerra (f)

I was fui (vb: ser) (Gr 31); estuve (vb: estar)

he/she/it was fue (vb: ser) (Gr 31); estuvo (vb: estar)

I wash myself me lavo (vb: lavarse) (Gr 23)

water agua (f)

he/she/it watches ve (vb: ver)

way manera (f); método (m); modo (m)

we nosotros

I wear llevo (vb: llevar)

weather tiempo (m)

week; during the ~ entre semana

at the weekend el fin de semana
Welsh galés *(adj)*
he/she/it went fue *(vb:* ir*) (Gr 31)*
I went fui *(vb:* ir*) (Gr 31)*
I went for a walk di un paseo
  (vb: dar*)*
I went out salí *(vb:* salir*)*
I went riding monté a caballo
  (vb: montar*)*
I went sailing practiqué la vela
  (vb: practicar*)*
I went windsurfing hice *(vb:* hacer*)*
  windsurf
west oeste *(m)*
what? ¿qué?

what a pity! ¡qué lástima!,
  ¡qué pena!
when cuando; when? ¿cuándo?
where to? ¿adónde?
where donde; where? ¿dónde?
white blanco *(adj)*
which que; which? ¿qué?
who? ¿quién?
why? ¿por qué?
wine vino *(m)*
in the winter en invierno *(m)*
with con
without sin
to work trabajar *(vb)*
work trabajo *(m)*

worried preocupado *(adj)*
worse, worst peor *(adj)*
to write escribir *(vb)*
I wrote escribí *(vb:* escribir*)*

Y

yellow amarillo *(adj)*
yes sí
yogurt yogur *(m)*
you tú, vosotros, usted, ustedes
young, young person joven *(adj);*
  (m or *f)*
youth: ~ club club juvenil
your tu, tus *(Gr 8)*

Acknowledgements

The authors and publisher would like to thank the following for their assistance in preparing the first edition: Pilar Polo Gundín, Scott Davenport, Jackie Milton, Jan Rowe, Mary James, the O'Connor Family, the Rainger-Dingle family and Graham Pegg. They would also like to thank Neil Jones and Audrey Butler for their work on this second edition and Emma Archard for her helpful comments throughout development.

Photographs Ron Wallace (pages 22, 41 middle, 66, 82, 2); Elizabeth Murphy (p40); Naomi O'Connor (p41 left and right); Spanish National Tourist Office (p96); Ronaldo Luis / action p19 – Tony Marshall / Empics; Ronaldo Luis / portrait p20 – Miguelezsports / Empics; Conchita Martinez p20 – Steve Mitchell/ Empics; Pamplona cyclists p21 – Agencia Gráfica Iruñapress, Navarra; The Citizen, Gloucester p38; Raúl p58 – Adam Davy / Empics; Paella p61 – Tony Arruza / Corbis; Teenage male p88 – Photodisc 16 (NT); Empire State Building p91 – Corel 129 (NT); Central Park, New York – Corel 129 (NT); Statue of Liberty – Corel 687 (NT); Male teenagers p101 and 149 – Photodisc 33 (NT); Day of the Dead, Mexico p102 – Danny Lehman / Corbis; Tomatina festival p103 – José Fuste Raga / Corbis; Female teenagers p 111 and 157- Photodisc 16 (NT); Overseas voluntary worker p119 – Corel 695 (NT); David Beckam p121 – Neal Simpson / Empics; Patio Cordobés p122 – John and Lisa Merrill / Corbis; Teenage girl p124 – Photodisc 31 (NT); Prestige Oil tanker disaster, Galicia p130 – European Press Agency / Press Association; Bird, oil pollution p130 – Digital vision 15 (NT); Rubbish p131 – Photodisc 31 (NT); Floods p131 – photodisc 31 (NT); Pop Idol p148 – Corbis; Teenage boy p149 – Photodisc 33 (NT); Preeya Khalidas p151, BAFTA awards – Maurice Clements / Famous; Nicole Kidman p151, Oscars – Pauline French / Famous; Teenage girl p153 – Photodisc 16 (NT).

The authors and publishers acknowledge the use of the following copyright material: Bravo magazine, Madrid p19, 20; Hobby Press, Madrid p 28; Red de Librerías San Pablo, Madrid p95; Renfe p70; Patronat de Turisme de Tarragona p81; Tele Indiscreta Barcelona p144, 145.

Illustrations Jean de Lemos and Linda Jeffrey.
Designer Simon Hadlow, DP Press Ltd., Sevenoaks.
Editor Kathryn Tate.
Songs Lyrics:Niobe O'Connor and Amanda Rainger. Music: John Connor. Performed by John Connor and Peter O'Connor. Recorded at Gun Turret studios, Bromsgrove. Recordings Footstep Productions Ltd., recorded at Air Edel, London, with Azucena Durán, Javier Fernandez-Pena, Bibiana Goday, Sergio Martínez-Burgos, Melisa Martínez , Ilya Martínez, Jorge Peris Diaz-Noriega, Gonzalo Perez, Lidia Sarabía. Producer: Colette Thomson. Engineer: Simon Humphreys.

Front cover photography Main image – Carel 408 (NT), 3 small images – Carel 368 (NT), 12 (NT) and DS6 (NT).